Elogios para *30 minutos para salvar tu matrimonio*

«En *30 minutos para salvar tu matrimonio*, Marte y Venus se encuentran por fin en un campo neutral. Un libro práctico y sensato para cualquier relación».

Sam Krause,
coautor de *The Four Steps to a Successful Marriage*.

«Este libro lo dice todo, ¡y de la manera más concisa posible! Los recién casados pueden usarlo para mantener los conflictos al margen de la relación, y quienes ya llevan mucho tiempo casados lo pueden usar para volver a encarrilarse. Le recomiendo ampliamente este manual a *cualquier* pareja que quiera construir, mantener o sanar su relación».

Sarah Chana Radcliffe,
MEd, autora de *Raise Your Kids without Raising Your Voice*
y *The Fear Fix*.

«Mucha gente casada trata de dar la impresión de que todo está bien detrás de la puerta de su casa, pero independientemente de que trabajen en ellos o no, todos tienen problemas en su vida. Este libro puede ayudarte a transformar tus dificultades en una gratificante vida en pareja».

Pamela Butler, PhD,
autora de *Self-Assertion for Women* y *Talking to Yourself*.

«Un matrimonio fuerte no sólo se construye con afecto y compañía, también se cimienta en el sentido común. Este es un libro de sentido común práctico y bueno, y puede ser una bendición para todos aquellos que deseen fortalecer su matrimonio y su relación».

Rabino Berel Wein,
coautor de *The Legacy*.

«Marcia Naomi Berger ha hecho una increíble contribución para las parejas de todo el mundo. La elegante y coherente estructura de su libro ofrece un necesario ritual basado en la investigación, que todas las relaciones a largo plazo requieren para prosperar. Este libro está lleno de una sabiduría sobre las relaciones —directa y sin rodeos— que ha sido acumulada a lo largo de años de experiencia profesional y personal. ¡Bravo!».

TIMOTHY WEST,
PhD, MFT, terapeuta certificado Gottman para parejas, y fundador de la Clínica para Parejas de Marin.

«Las ideas de *30 minutos para salvar tu matrimonio* para un amor duradero se presentan de una manera muy completa y fácil de seguir. Sin importar si llevas casado dos años o veinte, las reuniones matrimoniales propuestas en el libro te ayudarán a mejorar tu relación».

FRANCIS LU,
MD, profesor Kim de Psiquiatría Cultural, profesor emérito de la Universidad de California en Davis.

«Estando casado jamás me habría fijado en este libro. Pero ahora me le lanzaría encima sin pensarlo; *30 minutos para salvar tu matrimonio* me abrió los ojos a una nueva forma de relacionarme. Si lo hubiera conocido en aquel entonces, muy probablemente aún seguiría con mi esposa».

JOEL BLACKWELL,
asesor político.

30 minutos

PARA SALVAR TU MATRIMONIO

Marcia Naomi Berger

30 minutos
PARA SALVAR TU MATRIMONIO

Reuniones matrimoniales
para conseguir la relación de tus sueños

Prólogo por Linda Bloom

Título original: *Marriage Meetings for Lasting Love*

Traducción: Alejandra Ramos

Diseño de portada: Diana Ramírez
Imagen de portada: © Shutterstock
Diseño de interiores: Edgar Pérez Mejía

© 2014, Marcia Naomi Berger
Publicado por primera vez en los Estados Unidos de América por New World
Library, en 2014

Publicado en español mediante acuerdo con New World Library, una división de
Whatever Publishing Inc., 14 Pamaron Way, Novato, CA 94949, Estados Unidos.

Derechos exclusivos en español para América Latina y Norteamérica

© 2016, Editorial Planeta Mexicana, S.A. de C.V.
Bajo el sello editorial DIANA M.R.
Avenida Presidente Masarik núm. 111, Piso 2
Colonia Polanco V Sección
Deleg. Miguel Hidalgo
C.P. 11560, México, D.F.
www.planetadelibros.com.mx

Primera edición: enero de 2016
ISBN: 978-607-07-3205-8

Impreso en los talleres de Litográfica Ingramex, S.A. de C.V.
Centeno núm. 162-1, colonia Granjas Esmeralda, México, D.F.
Impreso y hecho en México - *Printed and made in Mexico*

Para David, mi esposo

Índice

Prólogo

Linda Bloom

¿Qué es lo que separa a los buenos matrimonios de los extraordinarios? La calidad del amor y la profundidad de la intimidad que tienen los esposos. En esta sencilla y clara guía, Marcia Naomi Berger les enseña a las parejas a mejorar la calidad del tiempo que pasan juntos ¡y a hacer que éste cuente! Aunque después de uno o dos años de matrimonio muchas parejas temen que sus mejores momentos ya hayan pasado, en este libro se muestra que lo mejor ¡todavía está por venir!

Al explicar el tema de las reuniones matrimoniales, Berger hace énfasis en la importancia de comenzar por señalar las desavenencias menos problemáticas y más manejables con el fin de ir ganando experiencia y acumular más confianza en el proceso. Las parejas que toman en cuenta esta sugerencia minimizarán la probabilidad de sentirse abrumadas y desmotivadas, ya que esto puede suceder cuando los conflictos de una pareja son más grandes que su capacidad para lidiar con ellos.

30 minutos para salvar tu matrimonio les ayuda a las parejas a evitar obsesionarse con temas problemáticos mostrándoles lo importante que es dejar esos asuntos a un lado por algún tiempo, hacer una pausa y realizar actividades que les proporcionen un ambiente más lúcido y cómodo para la relación. Berger nos recuerda que cultivar una relación amorosa no sólo implica «trabajar en la relación», sino también crear, de manera conjunta, experiencias que brinden placer y felicidad a la vida de ambos cónyuges.

Berger enfatiza la importancia de identificar los sentimientos y las necesidades de manera responsable en lugar de evitarlos, así como de expresar aprecio y gratitud. Estas prácticas son la base de este libro y de las relaciones con un funcionamiento extraordinario, pero no requieren necesariamente de una gran cantidad de tiempo, por lo que los lectores pueden esperar una recompensa inmediata a sus esfuerzos.

Establecer que la relación es una prioridad conduce finalmente a que ambos integrantes de la pareja se sientan valorados y amados; y además de fortalecer el vínculo, eleva la autoestima. Muchas parejas subestiman la cantidad de tiempo y atención que exige lograr las herramientas necesarias para el arte de la comunicación eficaz; por eso, sostener reuniones matrimoniales una vez a la semana les da a las parejas la oportunidad de practicar el arte del «contacto consciente». Quienes practiquen con regularidad los cuatro sencillos pasos de Berger, en un espíritu de buena voluntad combinado con un compromiso de corazón, serán recompensados en abundancia.

En lo personal, le tengo mucha fe a las reuniones matrimoniales. Mi esposo Charlie y yo las hemos realizado por treinta años. Cuando todavía estábamos criando a nuestros hijos y haciendo malabares con nuestras dos carreras, sacar tiempo de dondequiera que fuera posible para estar juntos era un desafío monumental. Nosotros apartamos las tardes de los lunes, cuando los niños todavía estaban en la escuela, y establecimos que las reuniones serían nuestro «tiempo sagrado». Sostuvimos un acuerdo muy estricto para evitar las distracciones o interrupciones, incluso el teléfono y el timbre.

El empleo de Charlie tenía muchas exigencias, y creo que si no hubiéramos hecho esas pausas para recargar energía, nuestro matrimonio no habría salido intacto de esa difícil época. Las reuniones nos salvaron.

Cuando él dejó su trabajo, pusimos un negocio, así que además de las tareas típicas del hogar que tienen la mayoría de las familias, ahora nosotros también teníamos que hacernos cargo de la empresa. Entonces apartamos las tardes de los miércoles para construir nuestro negocio y tener algo de tiempo para crear un vínculo personal para la intimidad emocional y sexual. Llamamos a esas reuniones «tiempo de intimidad». Crear esta estructura para nuestros encuentros fue algo importante para mí porque siempre teníamos mucho que discutir —debíamos tomar decisiones, programar talleres y otros asuntos similares—, y nuestro tiempo personal era como ese helado con crema de chocolate caliente que reservábamos para comer como postre.

Nuestras reuniones a solas funcionaron tan bien que decidimos instituir juntas familiares en las que los chicos podían contribuir a los planes. No fue sorprendente descubrir que ellos también tenían mucho que decir respecto a sus domingos, las vacaciones, las tareas en casa y los horarios para volver a casa en las noches. Aunque llegamos a tener ciertos momentos de tensión, en general las reuniones fortalecieron nuestros vínculos familiares, así como nuestro tiempo de intimidad fortaleció nuestro matrimonio. Hoy en día, seguimos programando estas reuniones cuando vamos de vacaciones en familia, sólo que ahora nuestros hijos son quienes nos recuerdan que debemos realizarlas, y nuestros nietos también participan.

Marcia Naomi Berger logró resumir los elementos esenciales que se requieren para construir un matrimonio extraordinario, y no me queda duda alguna de que su libro inspirará a una gran cantidad de parejas a subirse las mangas y seguir sus sencillos pero importantes pasos. Estoy muy agradecida con ella por haber escrito este libro porque ahora tengo una guía práctica e inspiradora que puedo recomendar a mis estudiantes y a mis clientes de terapia de pareja. Ahora te exhorto a ti a tomar sus palabras muy en serio y poner a prueba sus sugerencias. ¡Te garantizo que no te arrepentirás!

LINDA BLOOM, MSW, LCSW,
coautora de *101 Things I Wish I Knew When I Got Married: Simple Lessons to Make Love Last* y *Secrets of Great Relationships: Real Truths from Real Couples about Lasting Love.*

Introducción

El matrimonio ya no es lo que solía ser... ¡Pero eso es genial! La gente ha evolucionado y también el matrimonio. Hoy en día, en una relación exitosa, los esposos se respetan como individuos y también trascienden sus vidas individuales, y el resultado es un todo asombroso, mucho más grande que la suma de todas sus partes, que los nutre a ambos.

Yo creo en el matrimonio. Hay algunas personas que, desilusionadas por los altos índices de divorcio y uniones infelices, declaran que esta institución es obsoleta. Sin embargo, a diferencia de épocas anteriores, ahora es posible construir el matrimonio que siempre deseaste: una unión gratificante que fomente el crecimiento y que los nutra a ambos.

La sociedad ha cambiado de manera radical y eso ha provocado que surjan nuevas expectativas respecto al matrimonio. Hasta hace poco, las mujeres necesitaban a sus esposos para tener un apoyo financiero y los hombres necesitaban a sus esposas para que se hicieran cargo del hogar, y casi todo mundo necesitaba al matrimonio para tener sexo y poder procrear. Pero todo esto ha cambiado sustancialmente.

Sin embargo, muchos seguimos casándonos con la esperanza de que la felicidad dure, y cuando nos desilusionamos, tenemos la tendencia a culpar a nuestro cónyuge o a la institución del matrimonio por no satisfacer una necesidad más profunda: la de vincularnos con el otro en lo emocional, lo espiritual y lo físico.

Para tener éxito en el matrimonio necesitamos poner nuestras expectativas al día. Muchos todavía nos relacionamos de una manera que nos vence a nosotros mismos desde el principio, todavía nos enfocamos en el aspecto físico e ignoramos la necesidad fundamental de tener una conexión de almas. Para alcanzar este ideal debemos identificar el verdadero problema, es decir, la falta de herramientas para tener un buen matrimonio del siglo XXI.

Las reuniones matrimoniales llenan este vacío porque te ofrecen una manera sencilla de crear una unión extraordinariamente satisfactoria que puede durar toda la vida. En 1998 empecé a dar talleres de reuniones matrimoniales para parejas, y de esta forma pude poner esta herramienta a disposición de los profesionales y presentarla a mis clientes a través de mis consultas privadas de psicoterapia.

Este libro ofrece una manera práctica de conseguir un matrimonio gratificante. Siguiendo mis instrucciones paso a paso podrás incrementar el romance, la intimidad y el trabajo en equipo. Cuando surjan los problemas —como sucede en todos los matrimonios—, podrás resolverlos con más facilidad y respeto.

Si tu matrimonio ya es bueno, las reuniones le permitirán seguir creciendo. Si sientes que enfrentas desafíos poco comunes, entonces las reuniones los ayudarán, a ti y a tu pareja, a crear una relación gratificante.

Se pueden encontrar consejos en muchas partes, de hecho es muy sencillo tomar ideas de distintas fuentes, pero el problema es que los buenos consejos se nos olvidan rápidamente y luego volvemos muy pronto a patrones de comportamiento menos saludables. Y es que la fuerza de la costumbre es demasiado fuerte. Las reuniones matrimoniales ofrecen un recordatorio frecuente de que tenemos que comunicarnos de manera positiva. Después de que las lleves a cabo por algún tiempo, tal vez notes que ya se te hizo un hábito relacionarte de manera positiva en general.

Este libro incluye todo lo que necesitas saber para realizar reuniones matrimoniales eficaces: guía, instrucciones paso a paso y técnicas de comunicación positiva. Las anécdotas de otras parejas que se incluyen a lo largo del libro son ejemplos ilustrativos generales y compuestos que no representan a personas específicas. Las descripciones detalladas de parejas que se han beneficiado de las reuniones matrimoniales se presentan de los capítulos 10 al 14, y muestran la manera en que se deben aplicar los conceptos de las reuniones matrimoniales para mejorar todo tipo de relaciones, sin importar si éstas funcionan bien o si se encuentran particularmente atribuladas. Los nombres y algunos otros datos con los que se podría identificar a las parejas han sido cambiados para proteger su confidencialidad.

Yo practico lo que predico. Mi esposo y yo hemos tenido reuniones matrimoniales por más de veinticuatro años, y francamente no sé si habríamos podido permanecer juntos y felices sin ellas. Cada semana nos volvemos a conectar. Nosotros no nos damos por hecho porque las reuniones incluyen cierto tiempo para expresar nuestro aprecio por el otro. Además, las reuniones nos motivan a decir lo que cada uno quiere, a colaborar en actividades y proyectos y a aclarar los malos entendidos. Como las reuniones proveen un cierre, no dejamos nada sin concluir y, por lo tanto, no nos quedamos con resentimientos. Nuestras reuniones fomentan la confianza, el amor y la intimidad.

De las reuniones matrimoniales puedes esperar un efecto dominó. Los sentimientos de calidez y el optimismo que generan se propagarán hasta alcanzar a las otras personas de tu vida, y verás que muy pronto también comenzarás a usar tu habilidad para comunicarte positivamente en otras relaciones.

Al igual que muchos de mis clientes de terapia, yo crecí en una casa en donde no había un modelo de matrimonio feliz que yo pudiera imitar. Mis padres se divorciaron cuando yo tenía trece años. En todos mis empleos como trabajadora social infantil, trabajadora social clínica, psicoterapeuta y directora de una agencia de servicios familiares siempre he estado involucrada en actividades que me ponen en contacto directo con parejas y familias. Supongo que, sin darme cuenta, siempre quise saber de lo que me había perdido en la infancia y, claro, cómo lograr un buen matrimonio.

Todos los matrimonios tienen dificultades, pero una de las quejas más frecuentes de las parejas es que la gente siente que su compañero o compañera no la escucha. Las reuniones matrimoniales mantienen a las personas en sintonía con su pareja. Esta forma proactiva de abordar los problemas evita que las pequeñas fricciones se conviertan en algo mayor e inspira a todas las personas a valorar las cualidades de su pareja.

Una reunión matrimonial atiende cuatro aspectos: expresión del aprecio, coordinación de las tareas del hogar, planeamiento del tiempo de diversión y manejo de problemas y desafíos. Al considerar cada uno de estos aspectos se genera el impulso para atender el siguiente. Expresar el aprecio, por ejemplo, te anima a lidiar con las tareas del hogar, un área que exige energía al principio. Pero es muy probable que te sientas satisfecho de cooperar mientras decides quién llevará a cabo cada tarea. Por lo general, la tercera parte, planeamiento del tiempo de diversión, resulta muy agradable porque en él organizas una cita con tu cónyuge y tomas decisiones respecto a otras actividades divertidas. Por último, al manejar los problemas y desafíos se aprovecha la atmósfera positiva que generaste anteriormente para tener una fructífera conversación sobre cualquier cosa que preocupe a la pareja.

¿Estás listo para crear el matrimonio que siempre quisiste? ¡Entonces comencemos!

Parte I

Prepárate para tus
reuniones matrimoniales

CAPÍTULO I

Elementos básicos
de la reunión matrimonial

RESUMEN Y TÉCNICAS

> *Para tener un matrimonio exitoso hay que enamorarse*
> *muchas veces, siempre de la misma persona.*
> MIGNON MCLAUGHLIN

¿Te puedes imaginar a ti y a tu pareja teniendo reuniones semanales de manera formal? Quizás esta idea te intrigue, y claro, seguramente te estarás preguntando: «¿Serán eficaces las reuniones? ¿Qué pasa si se convierten en sesiones en las que nada más se escuchan quejas o una serie de exigencias?». Sin embargo, si te sientes optimista, tal vez prefieras preguntar: «¿Cómo empiezo?».

Si lees este libro antes de tener tu primer encuentro, podrás reunir la confianza y el conocimiento necesarios para conducir reuniones matrimoniales exitosas.[1]

El plan de cuatro partes de la reunión
matrimonial cubre todas las bases

En el tiempo dedicado para el *Aprecio*, ambos tienen la oportunidad, por turnos, de hablar sin interrupciones y decirle al otro lo que apreciaron de él o ella la semana anterior. Al hacer esto se genera una atmósfera cálida y una energía positiva para sostener el resto de la reunión.

Tareas del hogar es como la sección de negocios de la reunión. Aquí ambos dicen lo que consideran que se debe hacer: se ponen de acuerdo en las prioridades, los cronogramas y en quién hará cada cosa. En esta parte se promueve el trabajo en equipo y se lidia con las labores.

En la sección de *Planeamiento del tiempo de diversión* se programan citas en pareja, actividades individuales y actividades recreativas familiares. Aquí se estimulan la intimidad y el romance, se recargan las baterías y se promueve la armonía familiar.

En la sección de *Problemas y desafíos* ambos pueden hablar de cualquier preocupación que tenga que ver con el dinero, el sexo, los suegros, la crianza de los hijos, modificaciones a los horarios o cualquier otro asunto. Conforme vayan aprendiendo a resolver las dificultades con amabilidad y respeto, la felicidad matrimonial aumentará.

Algunas personas preguntan si es correcto dividir la reunión en dos partes, es decir, hacer una primera parte antes de la cena y el resto después de ésta; pero si se hace eso se puede poner en riesgo la eficacia del encuentro. Como se señaló anteriormente, cada sección genera un impulso positivo para la siguiente y por eso se respeta este orden. Imagina una montaña rusa. El movimiento hacia el frente que se obtiene en una parte de las vías lleva al usuario a la siguiente y, por lo tanto, ¡hacer una pausa a medio camino pone en riesgo la diversión del paseo!

Si sigues las instrucciones que aquí se dan, estarás bien preparado para llevar a cabo las reuniones matrimoniales.

¿Cuánto dura una reunión matrimonial?

Lo más probable es que una vez que hayas empezado a tener tus reuniones de manera constante, puedas terminarlas en menos de treinta minutos. Al principio, cuando apenas comiences y te estés acostumbrando a la estructura y a las herramientas de comunicación, es posible que duren más. También sucede en algunas reuniones que un tema específico exige más discusión de la normal, como cuando se atiende un conflicto particularmente agudo.

En todo caso, adherirte a un tiempo límite máximo de 45 minutos te ayudará a mantener la discusión enfocada y productiva. Tu reunión matrimonial es un suceso privado para ti y tu pareja, por lo que, idealmente, deberás tratar de hacerla en casa. Elige una habitación en donde ambos se sientan cómodos y las interrupciones y distracciones sean poco probables.

Tal vez te sientas tentado a hacer la reunión en un restaurante mientras comes, para hacerla parte de una salida nocturna, pero aunque te parezca que esto te ayudará a matar varios pájaros de un solo tiro, debo advertirte que se corren varios riesgos. Por ejemplo, si estás en camino a resolver una situación que te costó trabajo exponer para empezar, en cualquier momento podría interrumpirte un mesero para llenar tu vaso o algún amigo que pase por tu mesa. Y en ese momento perderás el hilo de lo que estabas diciendo porque las interrupciones que se dan en los restaurantes pueden interferir con tu concentración.

A Kathy y Walter, como también se hizo con otros participantes que asistieron a la primera sesión del taller de reuniones matrimoniales, se les dijo que realizaran su primera reunión en casa, en donde podrían mantener las distracciones al mínimo. Una semana después, en la segunda sesión, esta pareja reportó que había decidido hacer la reunión en un restaurante porque les gustó la idea de combinarla con una cita. «Pero nos interrumpieron demasiado y no nos dejaron concentrarnos. Además, fue difícil disfrutar de la comida —dijo Walter—. La próxima vez la llevaremos a cabo en casa». Su esposa estuvo de acuerdo.

Otra buena razón para no reunirse en un restaurante es que en una reunión matrimonial es posible sufrir estrés, en especial si se discuten temas difíciles que puedan propiciar emociones fuertes. Esto no tiene nada de malo, es normal que surjan los conflictos en los matrimonios; sin embargo, es importante contar con un ambiente relajado para tener una buena digestión, por lo que debes evitar hacer la reunión cuando estás comiendo, incluso en casa.

Lo mejor es que se reúnan en el hogar, al menos hasta que hayan establecido un patrón exitoso de encuentros semanales. Ejerciten el autocontrol para minimizar las distracciones. Si suena el teléfono, permitan que la contestadora tome la llamada. Resistan la tentación de sacar la ropa de la lavadora para pasarla a la secadora. Reúnanse cuando los niños ya se hayan ido a dormir o cuando estén ocupados. Si es necesario, hagan arreglos para que alguien más los supervise.

Más adelante, tal vez decidan hacer una excepción a la regla de reunirse en casa, y quizá quieran dar un paseo o manejar a otro sitio. Si deciden variar la rutina podrán evaluar las ventajas y desventajas de cambiar de sede.

Reúnanse cada semana

Hagan la práctica para obtener mejores resultados. Tal vez se sientan tentados a esperar que haya una razón para programar la reunión, pero como en cualquier organización bien dirigida, la programación de cierto tiempo para comunicarse de manera constante es la mejor herramienta para mantenerse en el camino correcto.

Tal vez a ti y a tu pareja les parezca que reunirse con regularidad puede resultar frío y poco romántico, pero ¿crees que ignorar las preocupaciones hasta que se conviertan en crisis es una buena manera de fomentar un vínculo romántico? Por otra parte, ¿tiene sentido hablar con tu cónyuge sobre los problemas cada vez que te venga en gana sin importar la disponibilidad que él o ella tenga para participar en una discusión contigo en ese momento?

Las reuniones semanales fomentan la armonía y cierto sentido del orden, te liberan de la presión de un acumulamiento mental excesivo porque así tendrás tiempo cada semana para discutir tus preocupaciones de manera constructiva. Las reuniones evitan que los resentimientos se acumulen porque sirven para concluir los asuntos pendientes, y además confirman que ambos valoran la relación.

¿En dónde se van a sentar?

El lugar en donde ambos se sienten afectará el tono de la reunión matrimonial. A diferencia de sentarse frente a frente en una habitación o en lados opuestos de la mesa, posición que puede crear un ambiente de confrontación, sentarse uno junto al otro en un sofá o en una mesa promueve un sentimiento de vinculación. Las reuniones son una forma maravillosa de aumentar la colaboración, así que siéntense suficientemente cerca para sentir que son como dos socios que van a llevar a cabo un proyecto juntos.

Una reunión matrimonial exitosa exige que ambas partes comuniquen sus pensamientos, sentimientos, deseos y necesidades. El contacto físico puede provocar que se pierdan los límites y la noción de sí mismos y de las prioridades personales en ese momento. El contacto físico puede ser increíble en el momento correcto, pero si se acurrucan y abrazan cuando están tratando de comunicar aspectos de su relación, podrían ignorar los conflictos en lugar de atenderlos constructivamente.

De qué hablar y en qué orden

Las cuatro partes de una reunión matrimonial se llevan a cabo en el siguiente orden:
1. Aprecio
2. Tareas del hogar
3. Planeamiento del tiempo de diversión
4. Problemas y desafíos

En los capítulos 3, 4, 5 y 6 se explica cómo llevar a cabo cada parte de la reunión.

Cómo conducir las primeras reuniones

La reunión debe mantener un tono agradable y comprensivo. Lo más recomendable es evitar discutir temas delicados en las primeras reuniones; no uses el tiempo para exigirle cosas a tu pareja o criticarla. Uno de los objetivos de cada reunión debe ser que te sientas inspirado a reencontrarte con tu cónyuge. Si existe un problema importante o que ya tiene algún tiempo y ambos desean resolver, déjenlo para cuando ya hayan establecido un patrón de reuniones exitosas y se sientan cómodos usando las herramientas positivas de comunicación que se explican en los capítulos 7, 8 y 9.

Yvette y Hank, una pareja de cuarenta y tantos, tuvo su primera reunión matrimonial y todo salió bien en las partes de Aprecio, Tareas del hogar y Planeamiento del tiempo de diversión, pero en la sección de Problemas y desafíos Hank ignoró la instrucción de comenzar con una dificultad sencilla de resolver y le dijo a Yvette: «No quiero que me apliques la ley del hielo cuando estás enojada. Detesto sentirme ignorado». Yvette todavía no estaba lista para que la confrontaran respecto a este tema, y se sintió atacada y se negó a participar en las siguientes reuniones matrimoniales. Si Hank hubiera empezado con un desafío más sencillo, como decirle a Yvette lo difícil que era para él apegarse a su dieta y pedirle que por favor escondiera las frituras que ella compraba para que él no se sintiera tentado, lo más probable es que Yvette hubiera accedido y habría querido reunirse en el futuro.

Si permites que las primeras reuniones sean ligeras y disfrutables, ambos las valorarán y las verán como una forma de volver a conectarse y de fortalecer la confianza para poder lidiar con aspectos más serios en el futuro.

¿Por qué él (o ella) no inicia la reunión matrimonial?

«Yo siempre tengo que comenzar la reunión. De otra manera, no se lleva a cabo», esto es algo que dicen las esposas con más frecuencia que los esposos, y quizá se deba a que el cerebro femenino está tradicionalmente cableado para ser más sensible a las relaciones y la expresión verbal que el de los hombres. Pero no te preocupes por quién inicia las reuniones, lo más importante es que se realicen.

Mucha gente tiene razones para no querer programar los encuentros. Es posible que ya te sientas cómodo con formas menos directas de relacionarse. Con el tiempo, los patrones dañinos se arraigan y son difíciles de revertir, y si uno permite que continúen, pueden producir soledad, distanciamiento emocional, depresión y resentimiento. Si no se llevan a cabo acciones correctivas cuando surgen las diferencias, pueden presentarse problemas extremos como violencia doméstica, alcoholismo u otro tipo de abuso de sustancias, problemas de salud e incluso psicosis.

El esfuerzo de adoptar una nueva rutina para mantener tu relación en el camino correcto vale mucho la pena. Sé optimista y mantente dispuesto a experimentar.

Cómo superar la renuencia a programar una reunión matrimonial

Tal vez estés pensando cosas como: «Estamos demasiado ocupados para reunirnos» o «No hay quién cuide a los niños, y para cuando se van a dormir ya estamos exhaustos».

Pero ahora pregúntate: «¿Me desagrada la idea de las reuniones en general?». Si tener un encuentro con tu cónyuge te parece una tarea impuesta, trata de considerarla una inversión de energía en tu matrimonio para mantenerlo *funcionando* bien. Lo más seguro es que puedas planear lo necesario para que cuiden a tus niños o encontrar una actividad que los mantenga ocupados detrás de la puerta durante menos de una hora. Puedes encontrar otras maneras de alterar tu rutina para que te hagas tiempo y puedas llevar a cabo la reunión. Podrías enviar a los niños a dormir más temprano, por ejemplo. Y en caso de que estés demasiado cansado, ¿te sería posible tomar una siesta o hacer cualquier otra actividad relajante antes de la reunión?

Otros de los factores que podrían impedirte programar una reunión son:

- Miedo a que tu cónyuge te critique y te exija que cambies.
- Apego a uno de los mitos del matrimonio que destruiremos en el capítulo 2.
- La negativa de tu cónyuge a sostener una reunión matrimonial.

No permitas que alguna de estas preocupaciones interfieran con tu programación de las reuniones o que te impidan usar las técnicas de comunicación recomendadas. Cuando termines de leer este libro sabrás cómo conducir reuniones eficaces y respetuosas. Incluso si alguno de ustedes no quiere participar en la reunión formal, de todas maneras puedes usar las técnicas que aquí se explican. Una mujer comentó que aunque ella y su esposo aprendieron en un taller cómo llevar a cabo las reuniones, él se negó a realizarlas. Pero entonces ella adoptó algo que había aprendido en la parte de Aprecio y se aseguró de halagarlo todos los días. El resultado fue que ambos se sintieron mejor respecto a su relación. Él se relajó y se volvió más divertido, también la apoyó más. Basta con que uno cambie para que el matrimonio se beneficie.

Entrena tu cerebro para comunicarte de manera exitosa

Cambiar requiere de tiempo y práctica. Si utilizas las técnicas que se describen en este libro, con el tiempo podrás aplicarlas de manera natural. Siempre se necesita de tiempo para cambiar cualquier hábito y eso incluye la forma en que nos comunicamos. Para reconocer el poder de los hábitos, intenta lo siguiente: junta y cierra tus manos entrelazando los dedos. Míralos y luego separa las manos y entrelaza los dedos otra vez pero de la forma contraria, es decir, con el otro pulgar en la parte superior. ¿Cuál posición te pareció más natural? ¿La manera «distinta» se siente rara, extraña o incorrecta?

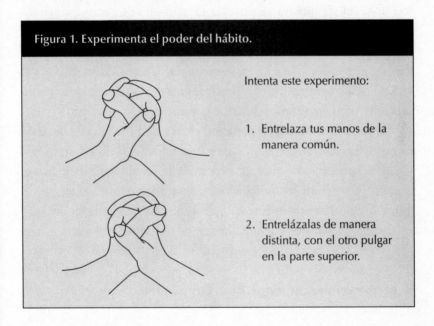

Figura 1. Experimenta el poder del hábito.

Intenta este experimento:

1. Entrelaza tus manos de la manera común.

2. Entrelázalas de manera distinta, con el otro pulgar en la parte superior.

De manera similar, es posible que las distintas partes de la reunión matrimonial se sientan poco naturales al principio, pero si persistes, tu relación se verá beneficiada. ¿Y acaso no vale la pena eso a cambio de treinta minutos a la semana? Encuéntrense en un momento que les funcione a ambos. Recuerda apegarte al límite de 45 minutos como máximo, ya que esto te ayudará a mantener un enfoque positivo y a evitar la fatiga.

No sean demasiado solemnes

Quizá lleguen al acuerdo de reunirse todos los lunes a las 8 p.m., pero si su agenda es como la mía y varía un poco cada semana, también pueden cambiar el día y la hora del encuentro. Yo, por ejemplo, puedo preguntarle a mi esposo: «¿La próxima semana prefieres reunirte el miércoles o el jueves por la noche?». A mí no me importa ser quien suele iniciar la reunión porque nuestras reuniones nos proporcionan claridad y buenos sentimientos a ambos.

Si mantienes una atmósfera animada en las primeras reuniones, puedes reducir la renuencia de tu cónyuge o la tuya, incluso si tienes que «fingir un poco antes de lograrlo». Pónganse de acuerdo en comenzar con un tono ligero y enfocarse en lo positivo. Recuerda que en las primeras reuniones en el área de Problemas y desafíos es necesario hablar exclusivamente de conflictos fáciles de resolver. Concéntrense en fomentar la armonía y la buena voluntad; con el tiempo se sentirán listos para lidiar con asuntos más intensos. Y antes de su primera reunión, equípense ambos con las herramientas de comunicación que encontrarán en los capítulos 7, 8 y 9.

Sugerencias para tener éxito a largo plazo

• *Pueden planear con anticipación o improvisar.* Si eliges planear, puedes usar como guía el resumen de la Agenda de la reunión matrimonial del Apéndice A (véase página 205). Escribe los temas específicos que quieras tocar en el encuentro, e incluye los temas que no terminaron de discutir en la reunión anterior.

Puedes comunicarle o no a tu pareja tu agenda personal, depende de ti. En caso afirmativo, puedes hacerlo verbalmente o mostrándole tus notas. A algunas personas les resulta más cómodo adoptar una técnica más espontánea, por lo que no escriben nada o casi nada antes de la reunión. Es bueno experimentar, ustedes hagan lo que mejor les funcione.

- *Lleven consigo una agenda, un cuaderno o cualquier sistema de organización electrónico o tradicional.* Es posible que en la parte de Tareas de la reunión decidan comprar focos, llamar al plomero o sacar cachivaches de la cochera; y en la de Planeamiento del tiempo de diversión quizá se ofrezcan a hacer reservaciones para ir a cenar o a ver una obra de teatro, por lo que escribir los acuerdos les ayudará a recordar y cumplir los compromisos.

- *Pueden decidir de manera informal quién hablará primero.* Siempre que sea posible, permitan que el compañero que por lo general hable menos sea quien hable primero respecto a los temas que se cubrirán en las reuniones. Esto le ayudará, a él o a ella, a compartir la responsabilidad de la reunión con quien tiende a hablar más. Cuando resulte apropiado, expresa lo que escuchaste a tu pareja decir, haciendo uso de la herramienta de comunicación de audición activa que se explica en el capítulo 9. Las contribuciones de ambos miembros de la pareja deberán ser reconocidas.

- *Si es relevante para tu situación, piensa que tal vez haya llegado el momento de pedir ayuda externa.* Observa tu relación con toda honestidad. Si sabes que hay asuntos que les impiden crear el clima de seguridad y confianza necesario para una reunión matrimonial eficaz, consideren solicitar la ayuda de un profesional que esté capacitado para lidiar con asuntos de pareja. Este tipo de asesores pueden ayudarlos a sortear obstáculos del pasado y adoptar maneras de comunicación sanas y positivas.

- *Si su relación es en general sana, estén dispuestos a lanzarse de lleno.* En caso de que no estés seguro de si tú y tu pareja están listos para las reuniones matrimoniales, traten de llevar una a cabo en cuanto terminen de leer el libro. Si pueden seguir los lineamientos y aplicar las técnicas de comunicación positiva, entonces continúen realizando los encuentros semanales: con la práctica irán mejorando.
- *Apéguense al programa y reúnanse cada semana.* Todas las relaciones pueden mejorar y crecer; si la tuya no prospera, es porque se está debilitando. Llevar a cabo reuniones matrimoniales semana a semana permite que las herramientas de comunicación mejoren cada vez más. Después de realizar una o dos reuniones, es posible que se sientan tentados a saltarse una o a esperar que surja una razón para programar otra, pero si dejan pasar un encuentro, es posible que dejen pasar el siguiente también, y así sucesivamente hasta que pierdan la inercia de reunirse del todo. En la figura 2 (véase página 15) se muestra la naturaleza cíclica del proceso de la reunión matrimonial, el cual siempre se vuelve más efectivo si la pareja se reúne cada semana.

Una nota final respecto a los lineamientos

Apéguense a los lineamientos de este capítulo para llevar a cabo las reuniones, o al menos, háganlo las primeras veces. Si descubren que una regla específica no les funciona, hablen al respecto y sugieran una modificación posible.

Por ejemplo, la regla sobre no comer durante las reuniones matrimoniales nos va bien a mí y a mi esposo. Al empezar a realizar reuniones familiares aplicamos esta regla. Sin embargo, cuando mi hijo era un adolescente activo, se quejaba de tener que quedarse con nosotros después de la cena, por lo que nos propuso que mi marido y yo cenáramos primero sin él, y luego él se nos uniría, se sentaría a la mesa y comería durante la reunión. Debido a esta situación decidimos permitir que se comiera en el encuentro familiar.

Somos individuos, seres independientes, y por lo tanto no todas las reglas nos funcionan a todos. Si después de algún tiempo descubres que un lineamiento específico no te funciona, experimenta. Tu objetivo es volver a conectarte con tu cónyuge a través de reuniones exitosas, así que haz lo que sea necesario para lograrlo.

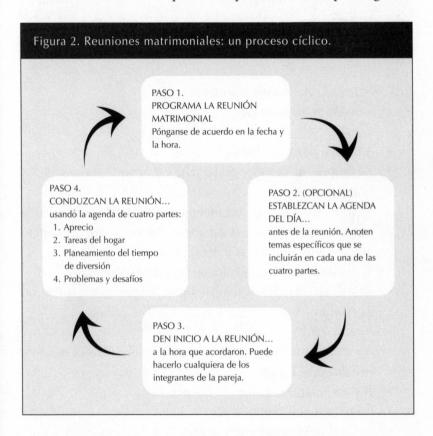

Figura 2. Reuniones matrimoniales: un proceso cíclico.

PASO 1.
PROGRAMA LA REUNIÓN MATRIMONIAL
Pónganse de acuerdo en la fecha y la hora.

PASO 2. (OPCIONAL)
ESTABLEZCAN LA AGENDA DEL DÍA...
antes de la reunión. Anoten temas específicos que se incluirán en cada una de las cuatro partes.

PASO 3.
DEN INICIO A LA REUNIÓN...
a la hora que acordaron. Puede hacerlo cualquiera de los integrantes de la pareja.

PASO 4.
CONDUZCAN LA REUNIÓN...
usando la agenda de cuatro partes:
1. Aprecio
2. Tareas del hogar
3. Planeamiento del tiempo de diversión
4. Problemas y desafíos

Independientemente de cómo decidan modificar los lineamientos para que se adecuen a sus circunstancias específicas, recuerden que para que puedan tener reuniones matrimoniales satisfactorias y exitosas deberán seguir la agenda en el orden que se muestra en la figura 3.

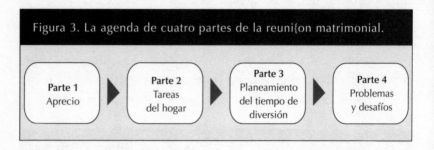

Figura 3. La agenda de cuatro partes de la reuni{on matrimonial.

Parte 1
Aprecio

Parte 2
Tareas
del hogar

Parte 3
Planeamiento
del tiempo de
diversión

Parte 4
Problemas
y desafíos

Los *Sí* y los *No* de los preparativos de la reunión matrimonial

- *Sí* reúnanse cada semana.
- *Sí* limiten el tiempo de la reunión a un máximo de 45 minutos.
- *Sí* sigan la secuencia recomendada al tratar los temas de la reunión: Aprecio, Tareas del hogar, Planeamiento del tiempo de diversión, Problemas y desafíos.
- *Sí* mantengan el ánimo alto en las primeras reuniones.
- *Sí* utilicen una agenda u otro tipo de sistema de organización de tiempo.

- *No* se reúnan si alguno tiene hambre, está cansado, se siente irritable o ha bebido.
- *No* se reúnan cuando estén comiendo.
- *No* permitan interrupciones.
- *No* sean rígidos respecto a quién inicia la reunión.

CAPÍTULO 2

Destrucción de
los mitos del matrimonio

Nada es ni bueno ni malo, es el pensamiento
lo que nos hacer creer que así es.
Shakespeare, *Hamlet*.

S i tu pareja te dice: «Tenemos un problema», ¿sientes que el pecho se te contrae? ¿Se te olvida respirar? ¿Qué es lo que pasa por tu cabeza? «¡Un problema! ¡Ay! ¿Significa que va a dejarme? ¿Hasta aquí llegó nuestra relación?». ¿Siempre llegas a la conclusión de que está pasando algo terriblemente malo con ustedes como pareja?, ¿algo tan terrible que tal vez no se pueda solucionar?

Si te identificas con este panorama, es probable que estés siendo engañado por un dañino mito matrimonial.

Lo que consideres que es un buen matrimonio va a influir profundamente en la forma en que te sientas y te comportes con tu pareja. Este capítulo se enfoca en algunas creencias falsas que son muy comunes y provocan infelicidad en el matrimonio, y te ofrece una perspectiva más realista de cada una de ellas. Si logras reemplazar estos dañinos mitos con verdades, podrás desarrollar un estado mental que fomente reuniones matrimoniales exitosas e incremente tu felicidad.

Mitos matrimoniales destructivos

- Un buen matrimonio no tiene problemas.
- Uno no debería tener que trabajar o esforzarse en un matrimonio.
- Mi cónyuge debería saber cómo me siento y qué quiero; yo no tendría por qué decírselo.
- Yo no tendría por qué conformarme con menos; merezco lo mejor.
- En un buen matrimonio, todos los problemas se resuelven.
- La paz se debe mantener a cualquier precio.
- Lo único que se necesita es amor.
- Una reunión matrimonial a la semana puede salvar *cualquier* matrimonio.

MITO MATRIMONIAL NO. 1:
UN BUEN MATRIMONIO NO TIENE PROBLEMAS

Una pareja felizmente casada no debería tener problemas, ¿no es cierto? Pero la verdad es que en cualquier matrimonio hay desavenencias, y nuestro desafío consiste en lidiar con las diferencias de manera constructiva.

Ya sea debido a los cuentos de hadas con los que crecimos o a que en las escuelas se enseña muy poco o nada respecto a las realidades del matrimonio, mucha gente cree que un buen matrimonio no debería tener ningún tipo de problemas, por lo que fingirá que todo es miel sobre hojuelas hasta que el estrés provocado por guardarse sus sentimientos se acumule al punto en que sean forzados a salir de una manera perniciosa.

Las siguientes son algunas de las señales que podrían indicar que estás ignorando un problema en la relación: tu vida sexual no es buena; tu hijo es demasiado tranquilo o demasiado agresivo; piensas que tu pareja no te ama; uno de ustedes está deprimido, enojado o exaltado; alguno de los dos cónyuges bebe, come o apuesta en exceso.

Todos tenemos anhelos y necesidades, pero éstos no siempre están entrelazados con los de nuestra pareja. Cuando tratamos de ignorar durante mucho tiempo lo que nos provoca enojo, al final éste puede hacer erupción como un volcán. Tu desafío particular tal vez tiene que ver con la intimidad, la crianza de los hijos, el sexo, el dinero, los suegros, el trabajo o algo más, pero no seas negligente y dejes para después la atención que le deberías poner a lo que está amenazando tu relación.

Las reuniones matrimoniales proveen un marco seguro para hablar de lo que estás pensando; en ellas, las parejas se pueden volver a conectar amorosamente, y nutrirse a sí mismas y a la relación. Al lidiar con los pequeños enfados antes de que se agranden, puedes ayudar a mantener vivos los sentimientos positivos.

La posibilidad de conflicto está en todas partes

Ellen Kreidman (PhD), educadora en el tema del matrimonio y las relaciones, utiliza un lugarcito de la casa para darnos un sencillo ejemplo que muestra que en todos los matrimonios existe la posibilidad de que surjan conflictos: el baño.[1] Uno de los cónyuges quiere que el papel higiénico se desenrolle desde arriba y el otro desde abajo; uno deja el asiento del excusado arriba, al otro le gusta que permanezca abajo; a uno le gusta que el lavabo esté deslumbrante, el otro deja cabellos o salpicaduras de maquillaje en él; a uno le gusta que la puerta se quede abierta, el otro insiste en la privacidad. Y así…

Si por la mente ya te está pasando la idea de tener baños separados, ¡te apoyo!, pero eso no siempre es posible. Sin embargo, si eres creativo e ingenioso, a menudo puedes encontrar la forma de disminuir las molestias.

El riesgo de ocultar las diferencias

Lilly y Jonathan ilustran el peligro de dejar pasar mucho tiempo antes de identificar un asunto delicado y lidiar con él. Ellos llevaban ocho años de casados y no tenían hijos, pero entonces decidieron adoptar una bebé. Cuando Lilly conoció a Jonathan le agradó su manera de hacerse cargo de las situaciones porque la hacía sentirse protegida. Lilly tenía una manera sutil de hablar, era muy diplomática y casi siempre accedía a hacer lo que él quería.

Los padres de Lilly siempre pelearon mucho y terminaron divorciándose, y ella no quería que le pasara lo mismo con su pareja. Creía que para mantener la paz era importante obedecer a su esposo en todo lo que se pudiera. Antes de que adoptaran a la niña, Jonathan animó a Lilly a que dejara su trabajo como enfermera en un hospital para quedarse con la bebé, por lo menos hasta que ésta fuera al jardín de niños.

Lilly pensó que era un precio bastante bajo a cambio de cumplir su sueño de ser madre, por lo que reprimió sus dudas sobre renunciar al empleo que amaba y cedió ante la idea de Jonathan de que fuera madre de tiempo completo. Se dijo a sí misma que era lo correcto.

Sin embargo, después de dos años de estar en casa, Lilly sintió que estaba a punto de volverse loca. Amaba a su hijita, pero extrañaba mucho el ajetreo del trabajo hospitalario, la interacción con sus colegas y cuidar a los pacientes. También extrañaba su sueldo, el cual siempre pudo gastar como le venía en gana; ahora no tenía nada de dinero. Un día Jonathan objetó una modesta compra que ella había hecho, y lo hizo argumentando: «Yo soy el proveedor de esta casa». En ocasiones como ésa, Lilly sentía que el pecho se le tensaba, pero como quería mantener la paz dijo: «Mañana lo devuelvo».

Lilly finge que todo va bien
hasta que ya es demasiado tarde

Cuando estaba en público, Lilly actuaba el papel de una esposa
y madre satisfecha y sonriente, pero en privado empezó a sentirse
alejada de su pareja. Perdió interés en el sexo; tenía resentimiento
contra él, pero no decía nada. Se sentía ignorada e invisible… hasta
que le hizo llegar al sorprendido Jonathan los papeles de divorcio.

¿Es Jonathan el villano? Lilly nunca le hizo saber de su frustración. ¿Debió Jonathan leerle la mente? Cualquiera de los dos
habría podido salvar el matrimonio si hubiera dado pie a una conversación honesta. Jonathan pudo preguntarle a su esposa si además
de los «dolores de cabeza» había otra razón que la hiciera alejarse
sexualmente. Aunque esto la hiciera sentirse egoísta o culpable, Lilly
pudo hablarle de su infelicidad y decirle lo que en realidad quería.

Esta pareja podría haber encontrado maneras de llegar a acuerdos; tal vez pudieron acordar que ella regresara a trabajar medio tiempo. Lilly le habría podido explicar a Jonathan que lo justo sería que
ambos tuvieran derecho a gastar cierta cantidad de dinero sin que se
hicieran preguntas, independientemente de quién lo ganara. Si hubieran hablado con honestidad y respeto mutuo, habrían podido
encontrar la manera de generar soluciones prácticas y hacer que la
confianza creciera y la intimidad física y emocional volviera a surgir.

MITO MATRIMONIAL NO. 2:
UNO NO DEBERÍA TENER QUE TRABAJAR
O ESFORZARSE EN UN MATRIMONIO

Los cuentos de hadas fomentan en nosotros, a una edad muy
temprana, el mito del matrimonio que vive feliz para siempre.
Tiempo después, vemos películas románticas y leemos novelas
con finales felices.

El resultado es que muchos adultos tienen expectativas poco realistas sobre el matrimonio. Pasan más tiempo dándole mantenimiento a un automóvil —revisando la presión de las llantas, cambiando el aceite y realizando las revisiones recomendadas—, que dándole mantenimiento a su relación más importante para que siga funcionando.

Evidentemente, los humanos somos más complicados que los autos. Tenemos cuerpos que son mucho más difíciles de cuidar; también tenemos sentimientos, formas distintas de pensar, esperanzas y sueños diferentes. Y luego, cuando juntas a dos, pues…

Algunas personas se resisten a la idea de tener una reunión formal con su cónyuge porque les parece que es *trabajo*. ¿Por qué no mejor sólo hablar de los asuntos conforme vayan surgiendo? Hablar al vuelo parece algo positivo, y si lo puedes hacer de manera eficaz, qué mejor. Pero tal vez quieras mencionar algo cuando tu pareja está viendo la televisión, leyendo un libro o haciendo otra cosa. Quizás estés esperando el «momento adecuado» que nunca llega. Y si traes a colación un tema delicado cuando tu pareja no está preparada en absoluto, podrías terminar sintiendo que estás en un campo minado. De manera similar, tu cónyuge podría querer discutir una preocupación cuando tú estás ocupado. Es muy fácil dar por supuesta a la pareja y dejar de mostrar nuestro aprecio. Las labores cotidianas pueden acumularse o no ser manejadas adecuadamente; tal vez se te olvide planear las citas y otras actividades disfrutables, pero si programas algo de tiempo para una reunión matrimonial, podrás volver a conectarte con tu pareja cada semana. Las reuniones semanales promueven una comunicación directa y positiva que se enfoca en las preocupaciones en un momento en el que ambos se encuentran más receptivos. Con ellas te sentirás más apreciado y valorado, tendrás un hogar que funcione mejor porque coordinarán las labores como pareja, y también añadirán algo de romance con la planeación de sus citas. Los problemas se resuelven y los desafíos se enfrentan antes de convertirse en crisis y rencores.

El romance *sí puede* continuar durante tu matrimonio, pero eso no sucede de forma automática. La recompensa de invertir en el mantenimiento periódico de la relación es que ambos podrán seguir disfrutando del amor, la intimidad y la pasión. Juntos pueden crear y mantener un matrimonio satisfactorio que dure por el resto de sus vidas.

MITO MATRIMONIAL NO. 3:
MI CÓNYUGE DEBERÍA SABER CÓMO ME SIENTO Y QUÉ QUIERO; YO NO TENDRÍA POR QUÉ DECÍRSELO

«Yo no tendría por qué decirle, él debería saber lo que quiero», piensa Cindy. Cree que su esposo debería saber cuándo ella tiene ganas de ir a comer pizza en lugar de sushi, y viceversa. Él debería saber qué regalo quiere para su cumpleaños. También debería saber qué la excita sexualmente. Cindy se pregunta por qué nunca tiene ni idea de lo que ella quiere…, pero no le dice ni una palabra.

En realidad, *sí* hay personas a quienes se les puede satisfacer sus necesidades sin que tengan que decir nada: los niños. La madre aprende a leer las pistas que le da su hijo, y por eso entiende muy rápido qué tipo de llanto significa: «Tengo hambre», «Estoy cansado» o «Me siento incómodo, necesito que me cambies el pañal». También entiende qué movimientos corporales y expresiones faciales quieren decir: «Tengo miedo», «Estoy feliz» o «Quiero eso».

Los adultos que encuentran parejas que pueden leerles la mente sólo existen en los cuentos de hadas y las comedias románticas. En esos contextos, las parejas mágicas no necesitan que les digan cómo dar el beso, el regalo o el masaje perfecto. ¿Pero qué tienen que ver estos ejemplos de precognición con las relaciones de los adultos en la vida real? Casi nada, ni siquiera en los mejores matrimonios.

Por lo general, la mejor manera de sentirse comprendido por la pareja consiste en comunicar lo que te pasa por la cabeza con claridad, amabilidad y respeto. Ni siquiera el cónyuge más sensible e intuitivo puede leerte la mente, así como tú tampoco puedes leer la suya. Claro, en una buena relación siempre va a haber cierta sintonía, pero no puedes esperar milagros.

Si de niño reprimiste tus sentimientos, tendrás que ponerte al día y aprender a sentirte más cómodo al decir lo que piensas, y eso está bien porque verás que cada vez se te hará más fácil seguir expresándote y utilizar las herramientas de comunicación que se describen en los capítulos 7, 8 y 9.

MITO MATRIMONIAL NO. 4:
YO NO TENDRÍA QUE CONFORMARME CON MENOS; MEREZCO LO MEJOR

Una mujer quería casarse, y de acuerdo con la historia que se propagó ampliamente de boca en boca, las cosas sucedieron así: la mujer conoció a muchos hombres, pero estaba decepcionada porque ninguno de ellos tenía la combinación de rasgos que ella sentía que merecía. Ya desesperada, consultó a un famoso rabino llamado Menachem Mendel Schneerson —el Rebe de Lubavitch—, quien era respetado y conocido en todo el mundo por los sabios consejos que brindaba a cualquier persona que los solicitara. La mujer le dijo al Rebe que quería un hombre que siempre fuera amable, considerado, generoso, sensible y asertivo; que fuera buen escucha, guapo, adinerado, confiable y responsable, y que fuera un buen proveedor para la familia, así como buen padre para los hijos que ella esperaba tener con él.

—Me temo que jamás voy a encontrar a un hombre así —añadió la mujer.

—Claro que sí lo puedes encontrar —le contestó el Rebe—, pero en una novela.[2]

En la vida real, la gente es imperfecta (¡sí, incluso tú!), así que si tu pareja te decepciona, pregúntate qué tan importante resulta en el panorama general que él o ella se comporte exactamente como tú quisieras y que sólo tenga algunos rasgos excelentes de carácter.

Por ejemplo, tal vez tengas un esposo considerado y responsable con gran sentido del humor y otros rasgos que valoras; pero sucede que te encanta que te dé flores y él rara vez lo hace porque cree que es un gasto innecesario. ¿Vas a quejarte de que tú no tendrías por qué «conformarte» con este «codo desconsiderado»?

Y qué tal si la tardanza habitual de tu esposa te molesta, pero, al mismo tiempo, valoras su alegría de vivir, su creatividad, su disposición a ayudar y otros rasgos positivos. ¿Estás seguro de que quieres empezar a gruñir y decir que mereces algo mejor? ¿Que si ella de verdad te quisiera sería puntual?

Lo que tienes que hacer es deshacerte de las expectativas poco realistas. Cómprate tú las flores o aprende a vivir sin ellas. Cuando no sea crucial llegar a tiempo, trata de arreglártelas para lidiar con la tardanza de tu mujer; y cuando realmente sea importante llegar a un lugar, avísale con anticipación. Negocia de una manera creativa; revisa los capítulos 7 y 9, ahí encontrarás cómo hacerlo. Aprecia las cualidades de tu pareja, trata de lidiar con las limitaciones y espera que tu cónyuge haga lo mismo por ti.

Si tu relación es fundamentalmente sana, entonces no te estás conformando ni aceptando menos de lo que mereces. Lo que estás haciendo es conformarte con vivir en armonía con tu pareja. Tu matrimonio se basa en la realidad y no puede ser cien por ciento perfecto: ésa es la vida real.

MITO MATRIMONIAL NO. 5:

EN UN BUEN MATRIMONIO, TODOS
LOS PROBLEMAS SE RESUELVEN

En mis primeros talleres solía decir que las parejas podían resolver virtualmente cualquier problema si se apegaban a las reuniones matrimoniales una vez a la semana. Una mujer que había estado casada durante cincuenta años espetó: «Eso no es verdad, hay muchos problemas que no pueden resolverse».

Según John Gottman, psicólogo y autor, la mujer tenía razón. Las revolucionarias investigaciones de este psicólogo revelaron que un abrumador 69 por ciento de los problemas de los matrimonios no se resuelve.[3] Las buenas noticias de Gottman son que muchos problemas sí pueden *manejarse*. Según él, las parejas pueden vivir con conflictos sin resolver relacionados con problemas perpetuos en la relación, siempre y cuando estos problemas no sean un factor decisivo de rompimiento.

Dicho llanamente, lo que estresa la relación no es la presencia del conflicto, sino la manera en que la pareja responde a éste. Mantener una comunicación positiva y respetuosa cuando surgen diferencias puede ayudar a que el matrimonio continúe prosperando.

A continuación, te presento algunos ejemplos de conflictos no resueltos con los que tal vez puedas aprender a vivir, pero sólo dando por hecho que la mayor parte del tiempo te llevas bien con tu pareja:

- Piensas que tu cónyuge es demasiado estricto (o demasiado laxo) con los niños.
- La tardanza habitual de tu pareja te irrita.
- Tu pareja tiene un empleo adecuado, pero te gustaría que fuera más ambiciosa.
- Tu cónyuge deja moronas sobre la mesa de la cocina a pesar de que le has dicho que eso te desagrada.
- Tu pareja suele olvidar cosas.

¿Cómo puedes aceptar las excentricidades y hábitos de tu pareja que te han estado molestando durante algún tiempo, a pesar del esfuerzo que has hecho por cambiar ese comportamiento indeseable? Tienes que mirar el panorama completo. De manera general, ¿te da gusto estar casado con esa persona? Si así es, ¿quieres seguir quejándote y convertirte en una fuente de irritación para tu cónyuge, o prefieres tener un matrimonio feliz?

Pregúntate: «¿Y yo sí soy perfecto?». En las relaciones saludables las personas aceptan las rarezas y flaquezas de su pareja como parte de todo el paquete porque lo valoran de manera integral. Naturalmente, puedes hablar de algunas de estas preocupaciones en las reuniones matrimoniales porque incluso si ninguna de las partes puede cambiar en buena medida lo que molesta a la otra, al menos ambas podrán expresarse de manera constructiva. En la reunión puedes esperar ser escuchado y comprendido, y también podría haber algunas mejorías.

A Lew, por ejemplo, le molesta la forma tan casual en que se viste su esposa, Ellie, para ir a reuniones sociales o de negocios. En la sección Problemas y desafíos, él le dice: «Quiero que ambos nos veamos estupendos en la cena a la que nos invitó mi jefe. Yo sé que a ti te gusta vestirte con ropa cómoda, pero por favor ponte algo especial para el sábado en la noche. Además, sé bien lo elegante que te ves cuando usas aretes y otras piezas de joyería». Para hacer énfasis, Lew añade: «Esto es muy importante para mí, para los dos de hecho, porque quiero obtener un ascenso». Y naturalmente, cuando Ellie lo complazca, él expresará su aprecio con generosidad.

Cómo manejar conflictos
que no son un factor decisivo de rompimiento

En la sección de Problemas y desafíos debes decir lo que estás pensando. Si sabes que dentro de poco tiempo surgirá una situación en la que querrás que tu pareja se comporte de cierta forma, debes decírselo. En el ejemplo anterior, Lew le dijo a Ellie que le gustaría que se vistiera elegantemente para un evento específico. Tú puedes hacer lo mismo respecto a las cosas que te gustaría que tu pareja hiciera de manera distinta. Enfoca tus comentarios en aspectos fáciles de modificar, en particular si ésta es una de las seis primeras reuniones matrimoniales.

En general es difícil cambiar los rasgos de carácter, y si llega a suceder, es sólo gracias a un enorme esfuerzo. Lew no le pidió a Ellie que empezara a vestirse mejor todo el tiempo, eso habría sido poco realista porque la costumbre que tiene de vestirse con poco cuidado ya es un hábito arraigado. Lew está aprendiendo a vivir con eso porque ama a Ellie a pesar de su forma de vestir y porque puede apreciar las muchas cualidades que tiene.

Lew sabe que él tampoco es perfecto; de hecho, está muy agradecido con Ellie por soportar lo olvidadizo que es y por encontrar maneras de lidiar con el asunto. Al *manejar* el conflicto, Lew ya lo está minimizando. Está motivando a su esposa a vestirse mejor cuando él necesita que lo haga, y lo está haciendo cuando tiene toda su atención durante las reuniones matrimoniales.

Cómo mantener realistas tus expectativas

Quizá tu pareja esté de acuerdo en cambiar; si ése es el caso, ¡felicidades! Sólo tienes que entender que nuestra naturaleza básica y los rasgos de carácter pueden continuar siendo los mismos, así que no esperes que una persona introvertida se convierta en el alma de la fiesta, que una persona frugal empiece a gastar más o que alguien sensible se vuelva fuerte.

Los comportamientos que no se han vuelto hábitos, sin embargo, se pueden modificar fácilmente hasta cierto punto..., pero sólo si la persona quiere hacerlo. Es posible que ya hayas escuchado este chiste: «¿Cuántos psicólogos se necesitan para cambiar un foco? Ninguno, lo que importa es que el foco esté dispuesto a cambiar».

Entre más tiempo lleva arraigado un hábito, más tiempo y esfuerzo cuesta cambiarlo. Si tu cónyuge está de acuerdo en modificar un hábito, puedes estar contento, pero también debes ser paciente. Cada vez que tu pareja haga un esfuerzo, no escatimes en los halagos. Muestra aprecio en todo momento, pero en particular durante la parte de Aprecio de las reuniones matrimoniales. Si no ves progreso y piensas que tu pareja puede lidiar con un recordatorio amable, menciónalo en la sección de Problemas y desafíos.

¿Y qué hacer si el cambio sigue sin producirse? Si la falla de tu pareja no es un factor decisivo de rompimiento, esfuérzate por aceptar lo que no puedes cambiar. En una ocasión, mientras nos daba una clase sobre otro tema hace algunos años, el rabino Joseph Richards comentó de manera improvisada: «La gente siempre es irritante, así que trata de encontrar a la persona que menos te saque de quicio ¡y cásate con ella!». Todos reímos porque tal vez nuestro orador acababa de articular una verdad que rara vez es aceptada. La experiencia nos dice que hay que tratar de mantener los rasgos irritantes en perspectiva y apreciar el panorama completo.

Algunos conflictos imposibles de resolver podrían ser factores decisivos de rompimiento

A veces puede resultar muy útil reconocer que un conflicto es suficientemente severo como para provocar que la pareja termine su matrimonio. Aquí te doy algunos ejemplos de conflictos que son factores decisivos de rompimiento para muchas parejas, aunque no para todas:

- Uno de ellos quiere hijos, pero el otro no.
- Uno quiere tener tiempo de calidad con su pareja, y ésta es adicta al trabajo y prácticamente sólo regresa a casa para dormir.

- Uno de ellos no quiere o no puede dejar su adicción al alcohol, las drogas o las apuestas.
- Uno de ellos es infiel.
- Uno de ellos es abusivo en el aspecto emocional, físico o en ambos.
- Los valores de ambas partes son demasiado distintos para ponerse de acuerdo en asuntos como quién trabajará, en dónde vivirán o cómo pasarán el tiempo libre.
- Hay grandes diferencias religiosas, e incluso sobre la decisión de en qué fe se criará a los hijos.

A pesar de que estos conflictos pueden terminar siendo factores decisivos de separación, es posible que todavía quieras salvar tu matrimonio. Tal vez los desafíos más difíciles exijan esfuerzo adicional, como buscar apoyo a través de terapia individual o de pareja para ayudarlos a comunicarse de manera más constructiva o para establecer objetivos realistas y trabajar para alcanzarlos.

Si tú y tu pareja están dispuestos a sostener reuniones matrimoniales, primero lleva a cabo varias en un ambiente ligero y lleno de aprecio. Mantén los primeros encuentros positivos y llenos de luz. Si puedes establecer un patrón de reuniones exitosas, entonces deja pasar unas cuatro o seis antes de mencionar un tema delicado. Esto exige paciencia; es posible que te parezca que la espera es muy larga, por lo que, de ser necesario, trata de sacar algo de tensión hablando con un amigo en quien confíes, con un terapeuta u otro confidente objetivo.

Más adelante podrás hablar de temas más delicados en la reunión matrimonial. Puedes decir, por ejemplo: «Me preocupa que siempre llegues tarde» o «He notado que has subido de peso; me preocupa que eso pueda afectar tu salud». También puedes expresar tu angustia respecto a que tu cónyuge beba, use drogas, tenga un comportamiento abusivo o algo más. Utiliza las herramientas de comunicación positiva que se explican en los capítulos

7, 8 y 9. Si alguno de los desafíos que quieren discutir les parece demasiado abrumador a ambos, piensen en la posibilidad de buscar ayuda externa para poder atender el problema de manera constructiva.

Un factor decisivo de rompimiento para esta pareja: infidelidad

Puede resultar reconfortante saber que pocos de los conflictos son factores decisivos de rompimiento, pero también es importante saber cuándo un conflicto genera más estrés del que puede soportar uno de los integrantes de la pareja, como es el caso de los conflictos que amenazan la salud mental o física. Una situación específica puede ser aceptable para una persona, pero para la otra puede ser un factor decisivo de rompimiento inmediato. Todos sabemos lo que podemos tolerar y lo que no.

Nicki, por ejemplo, reconoció un conflicto marital que se convirtió en factor decisivo de rompimiento. Ella quería ser la madre perfecta para su hijita, y Cliff amaba a la bebé de ambos, pero creía que Nicki le estaba prestando demasiada atención. Se sintió descuidado, en especial cuando Nicki le dijo que estaba demasiado cansada para tener sexo. Entonces, para consolarse, Cliff recurrió a Kim, una chica que había sido dama de honor de Nicki en su boda. Kim seguía siendo soltera y nunca imaginó que se involucraría con un hombre casado, y mucho menos, con el esposo de su amiga. Sin embargo, Cliff le resultaba atractivo, y disfrutaba mucho de su atención. Empezaron a reunirse para tomar café de vez en cuando y para contarse confidencias.

Cuando Nicki se enteró, se enojó mucho. Cliff le aseguró que lo que sucedía entre él y Kim era estrictamente platónico. Pero Nicki seguía sospechando, así que revisó los correos electrónicos de él en los que encontró que le había dicho a Kim que la amaba y que se sentía más conectado con ella de lo que nunca se había sentido con nadie más.

Nicki volvió a confrontar a Cliff y él se mostró arrepentido y estuvo de acuerdo en dejar de contactar a Kim, pero un mes después Nicki se enteró de que la seguía viendo y temió que su matrimonio hubiera acabado. Le dijo a Cliff que quería que hablaran del asunto con un terapeuta, pero él dijo que no sería necesario porque él sólo la amaba a ella y estaba dispuesto a terminar con Kim definitivamente. Nicki sintió que le estaba mintiendo, se deprimió y desarrolló ansiedad, también tenía dificultad para dormir. Un día descubrió que Cliff y Kim habían pasado la tarde en un motel, le puso un ultimátum a su marido: o empezaban a tomar terapia de pareja, o el matrimonio se acababa. Él se negó y ella le pidió el divorcio.

Nicki no estaba dispuesta a tolerar la traición de Cliff; estaba sufriendo física y emocionalmente. En este caso, la infidelidad se convirtió en un factor decisivo de rompimiento para ella.

MITO MATRIMONIAL NO. 6:
LA PAZ SE DEBE MANTENER A CUALQUIER PRECIO

¿Cómo saber si estás cerrando los ojos ante un asunto difícil sólo porque quieres que la relación siga siendo agradable?

En primer lugar, tienes que hacer conciencia de lo que te está molestando, y luego enfrentar el asunto. Si no estás consciente de lo que anda mal, ¿cómo puedes solucionarlo? Una de las formas en que puedes detectar que algo falta en tu relación, es identificar los cambios en tus pensamientos, sentimientos, comportamientos y sensaciones físicas. Tal vez te sorprendas quejándote y sintiéndote menos tolerante con los defectos de tu pareja, quizá te sientas poco valorado o amado. Trata de entender lo que significan estos cambios, y si te das cuenta de que hay un conflicto, piensa cómo lidiar con él de manera constructiva.

No enfrentar un conflicto puede poner la relación en riesgo

Tal como lo describí en este mismo capítulo, Lilly culpó inconscientemente a Jonathan, su esposo, tanto por hacerla sentir atrapada en casa con su hija como por criticarla por gastar. De hecho, empezó a sentir que el pecho se le tensaba cada vez que él expresaba su desaprobación porque había comprado algo que le parecía innecesario, y también cuando se acercaba a ella en la cama. Perdió el interés en el sexo y descubrió que ya no se sentía cercana a él. Y finalmente, cuando entendió que la única forma en que podía terminar con su miseria era dejándolo, le pidió el divorcio.

Hacer olas puede salvar un matrimonio

Lilly podría haber salvado su matrimonio si se hubiera hecho las siguientes preguntas: «¿Por qué me siento distante de Jonathan? ¿Qué es lo que me desagrada de nuestra relación? ¿Qué es lo que me hace infeliz en la vida? ¿Qué necesitaría para ser feliz?».

Entonces podría haber comprendido: «Me siento enojada con Jonathan porque está tratando de controlarme». Podría haber abierto su mundo con tan sólo preguntarse qué necesitaba para ser feliz.

Después de encontrar la respuesta a estas preguntas, Lilly podría haber iniciado una conversación honesta y constructiva con su esposo respecto a sus verdaderos sentimientos, deseos y necesidades. Y luego la pareja habría tenido la oportunidad de realizar el tipo de labor de resolución de conflictos que puede llegar a proveer una solución satisfactoria para ambas partes. Pudieron, por ejemplo, acordar que Lilly regresara a trabajar medio tiempo, o definir un presupuesto que incluyera algo de dinero para que Lilly gastara en lo que ella quisiera.

Pero, por desgracia, Lilly se había creído ya el mito de que «la paz debe mantenerse a cualquier precio», y lo siguió creyendo hasta que llegó al punto de quiebre y su matrimonio terminó.

MITO MATRIMONIAL NO. 7:
LO ÚNICO QUE SE NECESITA ES AMOR

A pesar de lo que dijeron los Beatles, si ya leíste hasta este punto sabes que si bien el amor es un ingrediente maravilloso para tener una relación buena y duradera, también necesitas involucrar a tu cerebro para mantener vivo y próspero lo que los Righteous Brothers denominaron: «Ese sentimiento amoroso».

Con frecuencia, a los solteros que se quieren casar les recomiendan que hagan una lista de las diez características que buscan en su pareja. Si tú estás casado con alguien que satisface tus requisitos básicos como compañero de vida, entonces debes estar agradecido. Pero ése es sólo el principio. El amor puede crecer o desvanecerse, y si tú quieres que ese sentimiento amoroso continúe fluyendo, tienes que aceptar tu responsabilidad. Una de las maneras más sencillas de mantener tu relación en el buen camino es realizar reuniones matrimoniales semanales para cubrir los elementos esenciales.

MITO MATRIMONIAL NO. 8:
UNA REUNIÓN MATRIMONIAL A LA SEMANA PUEDE
SALVAR A CUALQUIER PAREJA

Sería muy agradable poder decir que con las herramientas adecuadas y algo de ayuda toda relación basada en un compromiso serio puede llegar a ser duradera y exitosa, pero eso no es verdad. Algunas relaciones están destinadas a fracasar porque la pareja se juntó por las razones equivocadas. Son dos personas que no reconocieron un conflicto irresoluble que luego se convertiría en un factor decisivo de rompimiento, como cuando una parte siente una necesidad absoluta de tener hijos y la otra se opone por completo a convertirse en padre o madre. Cuando hay desacuerdos respecto a un valor fuertemente arraigado, no habrá ninguna cantidad suficiente de reuniones matrimoniales o terapias de pareja que puedan garantizar una relación exitosa.

Un matrimonio puede fallar porque al menos una de las partes no está interesada en la relación lo suficiente para invertir la energía necesaria y hacer lo adecuado para hacerla prosperar, como comprometerse a tomar terapia individual o de pareja.

Las personas que se desposan y que toman en serio sus votos saben que el matrimonio no es un destino sino un viaje. Esa relación a largo plazo que siempre has deseado no es un cuento de hadas en el que nadie tiene que esforzarse y siempre hay un final feliz, sino un proceso constante que exige mantenimiento permanente y proactivo de parte de ambos.

Como somos humanos, no santos, tendemos a ser egoístas por naturaleza. Nuestro desafío consiste en establecer que la prioridad sea llegar a tener una relación exitosa en lugar de volver a repetir patrones arraigados y poco saludables que, si acaso, sólo proporcionan una sensación familiar de comodidad. En lugar de lanzarte de lleno a una lucha de poder con tu pareja en la que uno gana y el otro pierde, ambos pueden esforzarse por respetar el derecho del otro —y de sí mismo también— a tener una perspectiva distinta sobre un problema. Sólo entonces podrán viajar hacia un entendimiento mutuo y, en ese proceso, encontrarán soluciones que coincidirán con los deseos y necesidades de ambos.

Las reuniones matrimoniales exitosas pueden reducir o eliminar la necesidad de terapia y asesoría. Sin embargo, no son por sí mismas la panacea para sanar toda relación. Algunas situaciones pueden exigir la asistencia de un profesional compasivo y hábil que les pueda ayudar a identificar y resolver o manejar asuntos que no dejan de empeorar.

Aproximadamente la mitad de las parejas que asisten a mis talleres de reuniones matrimoniales siguen reuniéndose cada semana después de tomar el taller. Una encuesta de seguimiento que realicé demostró que todas estas parejas reportaron tener una relación más feliz y amorosa.

El conocimiento es poder

Cuando te sientas inquieto por algo que no coincide con la visión que tienes de un buen matrimonio, explora un poco en tu interior para averiguar si estás en lo cierto o si sólo te estás imaginando las cosas. Es posible que nada más estés sintonizado en el canal de los mitos matrimoniales, pero en cuanto aclares tu mente estarás listo para tener el tipo de matrimonio que realmente deseas: una relación feliz y gratificante que les permita a ambos ser quienes quieren ser, y con mucho espacio para seguir creciendo.

Las reuniones matrimoniales te pueden liberar

Las reuniones matrimoniales efectivas también te pueden ayudar a que te liberes de los mitos matrimoniales. La estructura y los lineamientos de estos encuentros promueven comportamientos sanos que refuerzan un pensamiento realista.

Supón, por ejemplo, que crees que lo único que necesitas es amor y que no hay razón alguna para invertir energía en mantener una buena relación. Pero con el tiempo dejas de ser feliz, te sientes abrumado por las labores del hogar y porque tu pareja no te ayuda.

A menudo estás demasiado cansado y resentido para tener sexo, y entonces tu cónyuge se molesta.

O quizás hay otro asunto sin resolver que te ha estado haciendo sentir distante. Solías creer que el amor te ayudaría a vencer cualquier desafío, pero ahora ambos se dan por sentados y no pueden ni recordar cuándo fue la última vez que salieron juntos, y se preguntan: «¿Qué pasó con el romance?». Se sienten casi como extraños viviendo bajo el mismo techo y llevando vidas paralelas.

Ahora digamos que tú y tu pareja deciden dar un salto de fe, están de acuerdo en terminar de leer este libro y luego llevar a cabo por lo menos seis reuniones matrimoniales. Incluso programan la primera con anticipación y, como son realistas, primero se dan el tiempo suficiente para terminar de leer el libro.

Después de establecer un patrón de reuniones exitosas descubrirán que cada vez notan más las cosas que aprecian el uno del otro. Es posible que se empiecen a prestar más atención en general. Volverán a tener citas, salir juntos y a realizar actividades divertidas que les gustan a ambos, pero lo harán fuera de casa, lejos de las tareas del hogar y los niños.

Si lo piensan, tal vez se den cuenta de que la atracción inicial que sintieron ya se desvaneció porque olvidaron alimentarla pasando un buen rato juntos y apreciando los rasgos positivos del otro.

¿Crees que podrías estarte aferrando a uno o más de los mitos matrimoniales que se describieron aquí? Los hábitos son muy fuertes, así que no te sorprendas si los viejos pensamientos vuelven a surgir. Al realizar reuniones matrimoniales eficaces podrás practicar técnicas constructivas para relacionarte con tu pareja, y estas técnicas pronto reemplazarán a las menos útiles.

Parte II

Ejecución de las cuatro partes de una reunión matrimonial

CAPÍTULO 3

Expresión del aprecio

| Aprecio | Tareas del hogar | Planeamiento del tiempo de diversión | Problemas y desafíos |

En este mundo la gente tiene más hambre
de amor y aprecio que de pan.
MADRE TERESA

L a primera sección de la reunión matrimonial, *Aprecio,* les va a ayudar a ti y a tu pareja a volver a conectarse en un ambiente cálido y positivo. Pero, por supuesto, no necesitas esperar a organizar una reunión para hacer cumplidos; de hecho, no debes esperar. Como es muy fácil empezar a dar por hecho que nuestra pareja siempre estará ahí, las reuniones matrimoniales tratan de revertir esta tendencia y de crear una reserva de buenos sentimientos, así como mejores herramientas de comunicación.

CÓMO EXPRESAR EL APRECIO

Éste es el orden para llevar a cabo la sección *Aprecio* de tu reunión semanal:

1. Una persona habla primero; para simplificar las cosas, digamos que por el momento tú empiezas. (En la práctica, lo mejor es permitir que la persona que usualmente habla menos se exprese primero; los detalles los encontrarás en la página 44). Ahora expresas tu aprecio diciendo todo lo que se te ocurra que te gustó o admiraste de tu pareja en la semana que acaba de pasar. Puedes usar el ejercicio de Aprecio de la página 50 para preparar esta parte de la reunión.
2. Tu pareja escucha hasta que termines de hablar.
3. Cuando termines, tienes la opción de preguntar: «¿Olvidé algo?» o «¿Se me pasó mencionar alguna cosa?».
4. Tu pareja puede añadir a tu lista una o más cosas por las que le gustaría que la (lo) apreciaras.
5. Asientes y dices algo como: «Sí, también aprecio eso que acabas de mencionar».
6. Tu pareja dice «Gracias» cuando terminas de mencionar todos los comentarios de aprecio de tu lista.
7. Es momento de cambiar de papeles. Tu pareja es ahora el orador y dirige sus comentarios de aprecio a ti, que te vuelves el escucha. Aquí se repite el proceso que acabo de describir.

Cuando ya se han dicho lo que los complace, se sentirán motivados a hacer estas cosas con más frecuencia. Supongamos, por ejemplo, que cuando llegas a casa te gusta que te digan «Hola» y te den un beso y un abrazo. Por lo general, te sientes ignorado, pero más o menos una vez a la semana recibes el tipo de saludo que te agrada. Si le dices a tu pareja lo feliz que te sientes cuando esto sucede, lo más probable es que ocurra con más frecuencia y a ambos les dará gusto.

Expresar gratitud sirve para fortalecer la intimidad, y eso, a su vez, promueve más aprecio. Entre más te enfoques en los atributos y comportamientos positivos de tu pareja, empezarás a notarlos con mayor frecuencia.

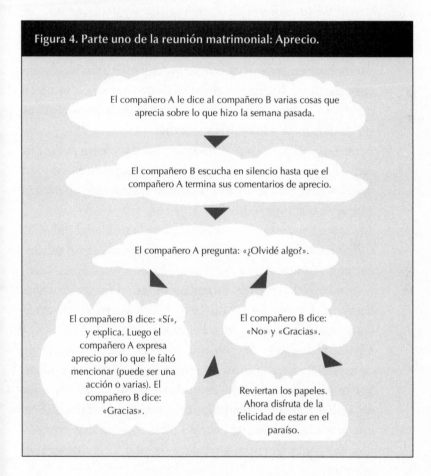

Figura 4. Parte uno de la reunión matrimonial: Aprecio.

El compañero A le dice al compañero B varias cosas que aprecia sobre lo que hizo la semana pasada.

El compañero B escucha en silencio hasta que el compañero A termina sus comentarios de aprecio.

El compañero A pregunta: «¿Olvidé algo?».

El compañero B dice: «Sí», y explica. Luego el compañero A expresa aprecio por lo que le faltó mencionar (puede ser una acción o varias). El compañero B dice: «Gracias».

El compañero B dice: «No» y «Gracias».

Reviertan los papeles. Ahora disfruta de la felicidad de estar en el paraíso.

Decir lo que aprecias del otro promueve felicidad y optimismo. Notar los rasgos y comportamientos sutiles de tu pareja genera un efecto de refuerzo porque te permite empezar a reconocer con más frecuencia los aspectos positivos de quienes te rodean y de lo que sucede en tu vida.

RECOMENDACIONES
PARA EXPRESAR EL APRECIO

Aquí te presento algunas recomendaciones para conducir la sección *Aprecio* de tu reunión matrimonial para establecer una atmósfera cálida que te permita volver a vincularte cada semana.

- *Planea con anticipación.* Haz una lista de las cosas que tu pareja hace en la semana que te hacen sentir agradecido; escríbelas en tu diario, tu celular o algún otro sitio. También puedes completar el Ejercicio de Aprecio de la página 50 antes de dar inicio a la reunión semanal.

- *Permite que la persona que usualmente habla menos, hable primero.* Esto ayuda a igualar el terreno de juego de tu reunión matrimonial para que ambos sientan que poseen el espacio en que se comunicarán.

- *Utiliza oraciones con Yo o A mí.* Asume la responsabilidad de tus sentimientos, pensamientos y deseos; empieza tus oraciones con «Yo aprecio…» o «A mí me gustó que tú…». También puedes hacerlo de forma implícita: «(Yo) aprecio que hayas…». Las oraciones con *Yo* o *A mí* fomentan la cercanía emocional (al respecto, revisa el capítulo 7).

- *Utiliza el lenguaje corporal con eficacia.* Haz conciencia de tu expresión facial, postura y tono de voz. Como lo explicaré con mayor detalle en el capítulo 9, nuestra comunicación no verbal transmite mensajes más fuertes que las palabras que articulamos. Sonríe cuando ofrezcas y recibas cumplidos, haz contacto visual y relájate. Tu tono de voz deberá ser optimista.

- *No des nada por hecho.* Puedes decir cosas como: «Realmente aprecio que te hayas detenido en la tienda ayer para comprar la lechuga que te pedí». También expresa gratitud por las contribuciones económicas que haga tu cónyuge al hogar. A todo el mundo le gusta sentirse atractivo, así que di cosas como: «Me gustó lo guapo (o hermosa) que te veías cuando te arreglaste para la fiesta del sábado pasado».

- *Haz cumplidos a los rasgos positivos de carácter de tu pareja.* Además de expresar aprecio por comportamientos específicos, hazle cumplidos a tu cónyuge por sus cualidades personales. Esto genera una dosis doble de fortalecimiento. Por ejemplo: «Aprecio la *empatía* que mostraste al escucharme anoche que te platiqué el problema que tenía con mi colega. Valoro tu *apoyo*».

- *Pregúntate qué más aprecias de tu pareja.* ¿Tu pareja les lee cuentos a los niños todas las noches? ¿Te agradó su atención en la fiesta cuando te miró desde el otro lado del salón y sonrió? ¿Aprecias lo considerado que fue anoche al llamarte para avisar que llegaría tarde?

- *Recuerda escuchar en silencio.* Cuando estés recibiendo los comentarios de aprecio, mantente en silencio hasta que tu pareja termine de hablar.

- *Prepárate para aportar un poco más de información.* Cuando tu pareja te pregunte: «¿Olvidé algo?», puedes contestar, por ejemplo: «¿Te agradó la comida que empaqué para el día de campo que organizamos en el lago el domingo?». Tu pareja tal vez responda: «Sí, también aprecio eso».

- *Apégate a mostrar aprecio.* Ni se te ocurra hablar sobre sentimientos de dolor, desilusión o desagrado. Guarda todo eso para la sección cuatro de la reunión, *Problemas y desafíos*.

- *Evita las oraciones con tú disfrazadas.* Estos mensajes suelen comenzar con «Yo», pero en realidad son acusaciones. «(Yo) aprecio que *por fin* (tú) te hayas acordado de sacar la basura el miércoles por la noche» es más bien una acusación, una oración con *tú*, pero disfrazada.

- *Sé específico.* ¿Cuándo y en dónde se produjo el comportamiento que aprecias? ¿Qué rasgo del carácter de tu pareja surgió en ese momento?

Después de tener una salida en falso, Janine y Fred aprendieron muy pronto a ser específicos al expresar el aprecio. En su primera reunión matrimonial, Janine le dijo a su pareja: «Aprecio que seas tan considerado», Fred se quedó en blanco. Pero cuando insté a Janine a ser más específica, dijo: «Me encantó *que me hayas sorprendido con esas hermosas rosas rojas de tallo largo el viernes*. También aprecio *lo considerado que fuiste al ponerlas en el florero*». Entonces a Fred se le iluminó el rostro y dijo: «No sé por qué ser específico es bueno, pero funciona muy bien». Cuando a él le tocó hacerle cumplidos a Janine, dijo: «Aprecio *lo considerada que fuiste al prepararme un té el miércoles por la noche* que me dolía la garganta». Y entonces Janine también resplandeció como vela recién encendida.

A veces, como lo aprendió otra pareja, incluso el aprecio carente de especificidad también funciona. Marge relató lo siguiente sobre su primera reunión matrimonial: «Steve me dijo: "Tú mantienes todo funcionando, eres la que hace que sucedan las cosas". Me hizo sentir maravillosa a pesar de que fue un comentario global. Yo sabía de qué estaba hablando: que apreciaba todo lo que hacía como esposa, ama de casa y madre de nuestros tres hijos».

ESFUÉRZATE PARA PROGRESAR, NO PARA ALCANZAR LA PERFECCIÓN; APRECIEN EL ESFUERZO DEL OTRO

¿Recuerdas cuándo fue la última vez que le hiciste un cumplido a tu cónyuge? ¿Qué tal si los cumplidos no están fluyendo en tu relación? Si eso es lo que sucede, es posible que al principio se sientan raros cuando traten de mostrarse aprecio en las reuniones matrimoniales. En ese caso, reconozcan el sentimiento ¡y haláguense de todas formas! Sean pacientes y esperen para ver los resultados.

Emma tuvo que aprender a hacer justamente eso. En su primera reunión matrimonial se quejó de que los comentarios de aprecio de Stuart, su esposo, fueron generales. Stuart asintió avergonzado y explicó: «Le dije que apreciaba lo bien que limpia la casa porque, como se la pasa limpiando, no puedo decir nada en especial». Entonces le recomendé a Emma que le diera a su esposo más margen en lo que ella probaba nuevas formas de comunicarse, y que tenía que agradecerle a Stuart el esfuerzo que estaba haciendo.

Emma también puede usar la estructura de la reuniones matrimoniales para ayudarle a su pareja a hacer comentarios de aprecio más específicos. Cuando Stuart le pregunte: «¿Olvidé algo?», ella puede decirle con amabilidad: «Me pregunto *qué* es lo que te gusta específicamente de la forma en que limpio la casa». Esto podría recordarle a Stuart mencionar: «Me agrada que eres *consciente* y utilizas *productos de aseo biodegradables*, y que eres muy *meticulosa* para *sacar el polvo de todos los rincones*».

Cuando sea el turno de Emma de mostrar aprecio, le puede enseñar a Stuart el tipo de comentarios detallados que le gustaría que él hiciera; lo único que tiene que hacer es ser específica también.

¿QUÉ ES LO QUE NOS IMPIDE EXPRESAR APRECIO?

Algunas personas tienen problemas para hacer y recibir cumplidos. Las razones de esto pueden ser:

- *Problemas de autoestima.* A la gente que carece de autoestima se le dificulta aceptar el aprecio porque no creen merecerlo. Tal vez no hacen cumplidos porque temen que si la imagen personal de su pareja mejora, los dejará.
- *Aspectos culturales.* Es posible que la gente que fue educada en culturas en las que aceptar un cumplido se considera presunción se sienta incómoda. Si haces un cumplido sobre su cabello, por ejemplo, lo más probable es que te responda diciendo lo mal que se le ve.

- *Influencias de la infancia.* A las personas cuyos padres no las motivaron ni halagaron cuando eran pequeñas les cuesta trabajo expresarse y recibir comentarios positivos.
- *Dificultad para permitirse ser vulnerable.* Algunas personas fueron educadas en un ambiente en el que expresarse era arriesgado. Tal vez en el pasado los castigaron o menospreciaron por mostrar sus verdaderos sentimientos.

¿CÓMO TE SIENTES CUANDO ALGUIEN TE HACE UN CUMPLIDO?

Cuando alguien te hace un cumplido, ¿te sientes feliz?, ¿orgulloso?, ¿incómodo?, ¿avergonzado?, ¿emocionado? ¿Te da gusto escucharlo? Si descubres que te cuesta trabajo ofrecer y recibir cumplidos, pregúntate por qué. Cobrar conciencia de lo que tal vez es un obstáculo en el camino es el primer paso para aumentar tu capacidad para sentirte cómodo con el aprecio.

¿NO SE TE OCURRE NADA QUE APRECIAR?

El Ejercicio de Aprecio (véase página 50) te puede ayudar a tener ideas antes de tu reunión, pero si eliges no planear con anticipación, si estás enojado con tu pareja, o si hay alguna otra razón por la que te esté costando trabajo expresar tu aprecio, esfuérzate y encuentra algo positivo que decir de todas maneras.

Por ejemplo, podrías empezar con: «Aprecio que te hayas reunido aquí conmigo hoy; eso me muestra que nuestra relación te importa» o «Me gusta cómo te ves con esa camisa (blusa). El color hace resaltar el azul de tus ojos». Lo más probable es que en cuanto expreses tu aprecio te sientas mejor respecto a tu cónyuge y se te ocurran halagos de corazón.

Si te sientes tentado a criticar a tu pareja en la sección de *Aprecio* de la reunión, ejercita tu autocontrol y sé paciente. En la cuarta parte, *Problemas y desafíos*, podrás iniciar una discusión constructiva acerca de cualquier queja, pero en este momento debes enfocarte en cosechar los beneficios de la totalidad del aprecio puro y concentrado que recibas.

LOS *SÍ* Y LOS *NO* PARA EXPRESAR APRECIO

- *Sí* utiliza oraciones con *Yo* o *A mí*.
- *Sí* utiliza un lenguaje corporal eficaz.
- *Sí* expresa aprecio por los rasgos de carácter positivos de tu pareja.
- *Sí* escucha en silencio mientras tu pareja te hace cumplidos y agradécele al final.
- *Sí* sé específico.

- *No* omitas lo obvio.
- *No* interrumpas cuando sea el turno de tu pareja de expresar aprecio.
- *No* critiques. Todos los comentarios que hagas deberán ser elogios.
- *No* caigas en la trampa de creer que no hay nada que apreciar.

Ejercicio de Aprecio

Haz una lista de por lo menos cinco cosas específicas que tu pareja haya hecho en la semana y que te hayan agradado. Identifica qué rasgo positivo de carácter (como demostrar deseo de ayudar, asumir responsabilidad, mostrar consideración, etcétera) desplegó tu pareja al realizar esos actos. Por ejemplo:

- «Aprecio tu gentileza al escucharme el martes que me quejé de mi trabajo».
- «Me gusta que seas considerado y que hayas apagado tu teléfono todas las noches esta semana durante la cena».
- «Aprecio lo amable que fuiste ayer al ponerle gasolina a mi auto».
- «Aprecio que hayas sido tierno el sábado por la noche cuando hicimos el amor».

Ahora es tu turno. Comienza las oraciones que escribas en tu diario o en una hoja de papel por separado de la manera que se muestra en la lista a continuación. Completa cada oración de tal forma que exprese con claridad el aprecio que le tienes a tu cónyuge.

- (Yo) aprecio…
- (Yo) aprecio que…
- (A mí) me gustó que…
- (Yo) aprecio tu…
- (Yo) aprecio la forma en que…

CAPÍTULO 4

Coordinación de las tareas del hogar

Después de alcanzar la iluminación,
hay que lavar la ropa.
JOSH BILLINGS

¿En qué piensas cuando escuchas el término *tareas del hogar*? Te aseguro que con una vida con tanto ajetreo, nadie anda buscando algo más que hacer. Sin embargo, si queremos vivir en un entorno de apoyo, tenemos que encontrar la manera de hacernos cargo de las tareas y, al mismo tiempo, seguir ocupándonos de nosotros mismos.

Piensa que las tareas del hogar son misiones simples que producen un ambiente armonioso, y que vale la pena invertir energía para mantener ese ambiente. Cuidar tu casa es como dirigir un pequeño negocio, y para que prospere, tienes que realizar varios trabajos de manera regular.

La sección *Tareas del hogar* de tu reunión matrimonial se lleva a cabo como una junta de negocios. No importa cuán buena sea la relación que tengan como pareja, siempre podrán mejorar la forma en que trabajan en equipo; y eso sin mencionar los beneficios adicionales. Quizá barrer, lavar platos y meter a lavar la ropa no parezcan tener nada que ver con el grado de romanticismo o de intimidad de una pareja ni con su vida sexual; sin embargo, varios estudios prueban lo contrario: que las parejas que comparten las tareas del hogar tienen sexo con mayor frecuencia que aquellas en las que un integrante de la pareja holgazanea. Un esposo que participó en uno de estos estudios comentó que su esposa disfrutaba de recibir flores o salir a cenar a un restaurante, «pero si de verdad quiero una noche romántica, saco la aspiradora», exclamó.[1]

Conduce la sección de *Tareas del hogar* tal como se describe a continuación y verás que tu casa no será lo único que prospere.

CÓMO HABLAR DE LAS TAREAS DEL HOGAR

La sección de *Tareas del hogar* de la reunión matrimonial es un momento de colaboración, por lo que ambos tendrán la misma oportunidad de expresarse. Establezcan las prioridades juntos. Es muy fácil sentirse abrumado cuando se tiene una lista de pendientes enorme, así que no permitas que esto te suceda. Cuando resulte útil, traten de fragmentar las tareas más agobiantes en otras más pequeñas.

En esta sección, cada uno deberá decir qué tareas le parecen más urgentes y cuáles menos. Aquí puede comenzar quien sea, y luego se pueden turnar para dar su opinión; pero si uno de los dos tiene una mentalidad más orientada a la ejecución del trabajo hogareño, no hay problema en que esa persona empiece siempre, o casi siempre, la conversación. Ésta es la forma en que se tiene que hablar de las tareas del hogar:

1. Ambos dicen cuáles son las tareas incluidas en su respectiva lista de pendientes.

2. Luego deciden, juntos, qué tareas tienen que realizarse esa semana y cuáles pueden esperar.

3. Pónganse de acuerdo en quién hará cada cosa, u organícense para encargárselo a alguien más (como otro miembro de la familia, un servicio profesional de limpieza o un plomero). Lo ideal es que elijan quién se hará cargo de cada cosa basándose en los horarios, habilidades e intereses individuales.

4. Establezcan un calendario para algunas tareas inmediatas, y otras déjenlas en espera con base en un acuerdo mutuo.

5. Hagan un reporte del progreso y la situación de las tareas que acordaron realizar (o delegar) en las reuniones anteriores. También reporten todas las tareas que no se hayan llevado a cabo en la fecha establecida.

Si durante esta parte de la reunión surge un tema con carga emocional, déjenlo para la parte 4, *Problemas y desafíos*.

Además, tomen en cuenta que de vez en cuando puede presentarse una situación que los obligue a cambiar una prioridad, revisar el calendario o renegociar quién será responsable de cierta tarea. Por supuesto, es importante que sean flexibles en este caso y que estén dispuestos a revisar un acuerdo previo y modificarlo para que les convenga a ambos.

Figura 5. Parte dos de la reunión matrimonial: Tareas del hogar.

1. Ambas personas mencionan las tareas incluidas en sus respectivas listas.
2. Ambos se ponen de acuerdo en qué tareas deberán hacer o comenzar a hacer esa semana, y cuáles pueden esperar.
3. Ambos establecen quién lidiará con, o delegará, cada tarea que se tenga que realizar en la semana que comienza.
4. Ambos establecen calendarios para los proyectos inmediatos, y dejan las otras tareas para después.
5. Cada integrante de la pareja hace un reporte de los avances en las tareas de las que se habló en las reuniones anteriores.

Notas:
- Si cuando estén hablando sobre una tarea específica, surge una discusión con carga emocional, pasen ese tema a la parte 4 de la reunión: Problemas y desafíos.
- Cuando la situación así lo exija, estén dispuestos a cambiar prioridades, calendarios y responsabilidades.

Ejercicio 1 de Tareas del hogar

Antes de que tú y tu pareja hablen de las tareas del hogar dentro de la reunión matrimonial, hazte las siguientes preguntas y escribe las respuestas en tu cuaderno:
- ¿Tu lista de pendientes es abrumadora?
- ¿Qué tareas realiza cada quien en general?
- ¿Estás satisfecho con la forma en que tú y tu pareja deciden quién hará qué?
- ¿Te molesta la manera en que tu pareja realiza alguna tarea?
- ¿Cuáles son las tareas que se delegan a los niños o a otras personas?
- ¿Quién es el responsable de supervisar la participación de las otras personas que también llevan a cabo tareas?
- ¿Las discusiones que tienen sobre las tareas del hogar siempre los terminan agobiando?

Si respondes a estas preguntas con honestidad, obtendrás más información sobre:
1. Las áreas en que tú y tu pareja están funcionando bien como equipo.
2. Las áreas en que te gustaría que el trabajo en equipo mejorara.
3. Las tareas a las que te gustaría dar prioridad, las que te gustaría posponer y las que quisieras delegar a otros.

Al reflexionar sobre estas respuestas, te estarás preparando para expresar tus preocupaciones en la sección *Tareas del hogar* de tu reunión matrimonial. Tal vez decidas pedirle a tu pareja que no tarde tanto en guardar la ropa lavada, que aspire con mayor regularidad o que vacíe el bote de la basura antes de que comience a desbordarse. Quizá quieras discutir de qué manera llevar a cabo las tareas de las que nadie se está responsabilizando por el momento, y a partir de eso ambos puedan delegar labores a otros miembros de la familia.

Decide con anticipación sobre qué tareas hablar

La importancia de hacer listas está más que probada.[2] Si antes de llevar a cabo tu primera reunión haces una lista de todas las acciones necesarias para que tu hogar funcione sin problemas —como hacer las compras, cocinar, darle mantenimiento al jardín, vaciar los botes de basura, pagar los recibos, etcétera—, habrás dado el primer paso para realizarlas con mayor eficiencia. Junto a cada tarea, anota quién la está haciendo ahora. Ambos podrán decidir en la reunión quién se hará cargo de las que nadie esté atendiendo por el momento.

Por otra parte, no es necesario hablar en la reunión de las tareas para las que ya se estableció una rutina cómoda. Por ejemplo, si uno de ustedes siempre hace la cena y el otro limpia la cocina al terminar, y si ambos están felices con este acuerdo, entonces no hay razón para discutirlo en la sección de Tareas.

Es posible que antes de tener la reunión semanal quieras hacer una lista de las tareas importantes que haya que mencionar, o quizá también puedes hacer el Ejercicio 2 de Tareas del hogar que se presenta en la página 66.

Habla de las tareas de manera respetuosa

En un taller de reuniones matrimoniales mostré la manera de hablar con respeto de las labores del hogar. Represénté el papel de la esposa de un participante que había ido solo al taller. En un tono casual, dije: «El grifo del baño tiene una fuga. Parece que necesitamos un plomero. ¿Llamo a uno, o prefieres hacer la cita tú?».

—¡Vaya! —dijo el hombre. Los demás estaban sorprendidos e impresionados. Hacer una pregunta directa pero de manera respetuosa, se convirtió en ese momento en una nueva opción para muchas de las personas que estaban en el taller.

Hay quienes les exigen a sus cónyuges que hagan las tareas a gritos: «¡*Tienes* que llamar al plomero!» o «¿Por qué siempre yo? ¿Por qué no mejor lo haces tú para variar?».

Y claro, un cónyuge pasivo es menos propenso a discutir. Sin embargo, si se siente mangoneada por su pareja y obligada a realizar una labor, este tipo de persona podría responder afirmativamente en principio, pero, al mismo tiempo, guardar rencor y expresarlo de una manera más directa, como olvidar hacer la tarea, alejarse de la persona «exigente» o perder interés en el sexo.

Las parejas que siguen los lineamientos que aparecen en este y en los capítulos 7, 8 y 9 lograrán terminar con sus listas de pendientes y fortalecer su vínculo.

Esfuércense por crear un ambiente de reciprocidad en el que ambos asuman una cantidad razonable de tareas. No adopten la mentalidad de que deben estar perfectamente a la par. Establezcan límites en cuanto a qué cantidad de trabajo están dispuestos a aceptar. Aparten algo de tiempo para relajarse porque todos necesitan darse un respiro para poder llevar una vida equilibrada. Olvídense del perfeccionismo cuando éste les impida disfrutar de la vida, y sepan que, en general, basta con que las cosas se hagan bien.

Cuando la situación así lo exija, hagan una revisión de las prioridades y los calendarios

Al día siguiente de que Dina y Jason decidieron reemplazar el piso de la cocina, se hicieron goteras en el techo, por lo que estuvieron de acuerdo en que sería más lógico ocuparse primero de ese asunto. En otra ocasión, después de que Jason estuvo de acuerdo en empezar a organizar el lunes los recibos para preparar los papeles para la declaración de impuestos, en la oficina le pidieron que se quedara a trabajar ese día. Entonces acordaron que la revisión de los papeles para la declaración se haría el martes.

CÓMO DECIDIR QUIÉN HARÁ QUÉ

Las comidas necesitan prepararse. Los niños tienen que ir a su entrenamiento de futbol. Los recibos deben ser organizados para calcular la declaración de impuestos. El techo necesita repararse.

Cualquiera de los integrantes de la pareja puede ofrecerse a realizar una u otra tarea, así que no le asignes a tu cónyuge una labor ni des por sentado que tiene que llevarla a cabo. A todos nos gusta sentir que somos autónomos. Está bien que le preguntes si está disponible o si está dispuesto a hacer algo específico, pero date cuenta de que a nadie le agrada que le digan qué hacer, ni que los demás asuman que pueden contar con uno.

Cuando ninguno de los dos quiera encargarse de un asunto, tendrán que negociar; tal vez decidan compartir la labor, turnársela o delegarla. Por ejemplo, compartir la tarea podría implicar que uno cocine el plato fuerte y el otro prepare la ensalada para acompañarlo. Turnarse podría significar que algunos días la esposa preparará toda la cena, y otros días lo hará el esposo. Delegar puede implicar que, en ocasiones, se le dé la responsabilidad a alguno de los adolescentes en casa.

Lo ideal es que quienquiera que tenga la habilidad, el tiempo y la inclinación para hacer una tarea específica se ofrezca a hacerla. La persona que sea buena con los números tal vez deba poner al día la chequera y pagar las facturas. Quien sea más fuerte físicamente se encargará de las labores más pesadas.

Cuando sea adecuado, delega tareas a los niños o a otras personas

Evita caer en el papel de padre(madre)-sirviente porque eso puede agregarle estrés al matrimonio e impedirles a los hijos madurar y convertirse en adultos responsables. Un niño que es suficientemente grande para cargar un juguete, ya puede llevar las servilletas a la mesa; y por supuesto, los más grandes son capaces de hacer muchas más cosas.

Al darles a tus hijos responsabilidades adecuadas para su edad, verás que todos saldrán ganando. Tu carga disminuirá y, al mismo tiempo, les inculcarás a ellos autoestima y buenos rasgos de carácter. La armonía familiar y el trabajo en equipo mejorarán.

Tal vez también quieras contratar ayuda externa, como un servicio de jardinería. Sé realista respecto a cuánto pueden hacer tú y los otros integrantes de la familia. Aceptar las limitaciones es muy saludable. Si puedes enfrentar el gasto, bien vale la pena que le pagues a alguien más para que realice una labor importante que, de otra forma, no recibirá la atención que necesita. En algunas situaciones podrías llegar a evitarte el gasto si encuentras la manera de intercambiar servicios con algún amigo.

INTENTA IMPLEMENTAR ESTRATEGIAS NOVEDOSAS

Si te molesta que haya una tarea que no se esté llevando a cabo, busca soluciones creativas. Por ejemplo, si la acumulación de polvo no deja de incomodarte, piensa en estas posibilidades:

- Consigue ayuda externa, es decir, contrata a una persona que haga el aseo.
- Llega a un acuerdo familiar y elimina una tarea de menor prioridad y usa ese tiempo para aspirar o sacudir.
- Prepárate a bajar tus estándares. *Perfectamente* hecho es el enemigo de *bien hecho.*
- Asígnale la tarea a otro miembro de la familia, puede ser a alguno de los adolescentes.

¿Para ti es importante deshacerte de las cosas que ya no usas o que ya no sirven? Si le comunicas esto a tu cónyuge en la sección *Tareas del hogar,* estarás dando el primer paso para encontrar una solución en equipo. Utiliza oraciones con *Yo* o *A mí* (véase el capítulo 7) y dilas en un tono respetuoso. Si sientes que no estás siendo escuchado, o que el tema tiene una carga emocional, pasa esta discusión a la parte cuatro de tu reunión matrimonial, *Problemas y desafíos,* y utiliza las técnicas de comunicación recomendadas en los capítulos 7, 8 y 9.

PARA CAMBIAR UNA RUTINA

Al igual que muchos de nosotros, Sue y Harry son criaturas de hábitos. Ella cocina y él limpia cuando terminan de cenar. Es una rutina que la pareja ha mantenido desde hace ocho años que se casaron, pero ahora Sue quiere dejar de cocinar una noche a la semana para darle un giro a las cosas. Como sabe que Harry está acostumbrado a la rutina, cree que se va a resistir a la idea de empezar a hacerse cargo de la cena los domingos por la noche.

Antes de decirte cómo manejó Sue la situación, quiero que imagines cómo lo harías tú. ¿Actualmente qué haces cuando quieres cambiar una rutina o aclarar quién hace qué cosa?

¿Crees que sería bueno mencionar tu preocupación cuando tu pareja está leyendo, viendo televisión, manejando o haciendo alguna otra cosa? Al mencionar el tema que te está molestando en tu reunión matrimonial, incrementarás las probabilidades de tener una discusión productiva.

Esto es justamente lo que hace Sue ahora, aprovechando que ella y Harry ya han tenido varias reuniones matrimoniales exitosas. Sue habla de su preocupación o hace sugerencias en la parte de *Tareas del hogar* de la reunión; comienza la conversación con una frase con *Yo* o *A mí*, y le dice a su esposo: «(Yo) he estado pensando que me gustaría descansar un poco de la cocina, por lo menos una vez a la semana. Me encantaría comer una cena hecha en casa que no haya preparado yo». Harry se retuerce un poco nervioso y contesta: «¿Quieres decir que… eh, que quieres que yo cocine?»

Sue avanza con cautela, pero vuelve a usar el mismo tipo de frase: «(A mí) me gustaría mucho que cocinaras la cena una vez a la semana, tal vez los domingos. Y yo puedo limpiar la cocina cuando terminemos».

Entonces Harry, sin hacer contacto visual, le dice en voz baja: «Bueno, quizá de vez en cuando».

Sue sabe que está en una negociación, y quiere más de lo que él acaba de ofrecer. Como entiende que su esposo va a seguir renuente, matiza su petición. Manteniendo su tono y su expresión afable, le pregunta: «¿Por qué no tratas de cocinar una comida los próximos dos domingos? Puede ser la comida o la cena».

«Es posible…», contesta Harry. Él no está aceptando, pero tampoco está descartando la idea por completo. De hecho, cree que tal vez puede lidiar con las dos comidas. Sue suaviza todavía más la oferta para facilitarle las cosas: «Si este domingo no quieres preparar una comida completa, podrías solamente calentar lo que haya quedado del día anterior. Para mí sería suficiente».

Harry entiende que Sue ya está pidiendo muy poco y acepta preparar la comida los próximos dos domingos.

¿Ya te diste cuenta de lo que hicieron Sue y Harry para cambiar la rutina? Sue empezó diciendo lo que más le gustaría que pasara: que su esposo hiciera la cena una vez a la semana. Pero notó su renuencia y respetó sus sentimientos. Cada vez que suavizó su oferta y él se resistió, ella terminó sugiriéndole una manera más sencilla de hacer las cosas, hasta que le hizo una oferta que a él le pareció aceptable.

Sue deberá asegurarse de halagar a Harry el domingo por la deliciosa comida, y luego tendrá que repetir el halago en la sección de *Aprecio* de su próxima reunión matrimonial.

SI LLEGAN A SURGIR COMPLICACIONES

Sue y Harry se hablaron con respeto. Si tú crees que tu conversación se puede complicar o llegar a tener una carga emocional más fuerte de la que se muestra en este ejemplo, mejor presenta tu solicitud en la cuarta parte de la reunión, *Problemas y desafíos*.

La historia de Wendy y Zack, que aparece en el capítulo 13, es un buen ejemplo de la forma en que una discusión respecto a una tarea del hogar se puede convertir en un conflicto. En la sección de *Tareas* de una reunión que llevamos a cabo en mi oficina, Zack le dijo a Wendy: «Eres una "fodonga". El otro día te fuiste a dormir y dejaste tus trastes sucios sobre la mesa de la cocina. Eres una floja. ¿Y cuándo fue la última vez que aspiraste? Estoy harto de ver porquería de gato en la alfombra. Dile a tu psiquiatra que te dé unas pastillas para que puedas ver toda la porquería que vas dejando detrás de ti. No puedo seguir viviendo en ese chiquero».

Tratando de contener el llanto, Wendy contestó: «Lo lamento, es que cuando regreso a casa del trabajo estoy demasiado cansada de haber pasado todo el día parada...».

Zack y Wendy estaban hablando de algo mucho más fuerte que sólo una tarea en el hogar. Es verdad que él llevaba mucho tiempo enojado con ella porque consideraba que no estaba atendiendo la casa como se debía, pero de manera inconsciente lo que estaba pensando era: «Si de verdad me quisiera, limpiaría su tiradero». Y lo que ella pensaba era: «No me ama, si me amara no sería tan grosero».

La crítica provocativa, las palabras groseras para referirse al otro y, en general, los sentimientos de dolor fueron un indicador de que éste era un tema con una carga emocional demasiado fuerte para que la pareja lo tratara de manera racional en la sección de *Tareas del hogar*. Debieron abordarlo en la sección de *Problemas y desafíos*. Además, resulta obvio que Zack y Wendy también necesitan aprender a usar herramientas positivas de comunicación para tener una discusión constructiva.

En una sesión de pareja posterior, en la que Zack y Wendy trataron de sostener una reunión matrimonial, ambos fueron capaces de comunicarse de manera respetuosa y seguir el programa. Cuando se llegó a la parte de *Problemas y desafíos,* los animé a que abordaran con cortesía el tema de los diferentes estándares que tenían respecto a la limpieza en el hogar, y pudieron hacerlo. Llegaron a una solución aceptable para ambos: contratar un servicio de limpieza.

RESPETA LOS ACUERDOS, RENEGOCIA CUANDO SEA NECESARIO Y FORTALECE LA CONFIANZA

Idealmente, ambos integrantes de la pareja deberán respetar los acuerdos, ya que eso ayuda a fortalecer la confianza; pero es posible que de vez en cuando no se cumpla alguno porque nadie es perfecto. Si alguien no ha terminado una tarea para la fecha en que quedaron, no desperdicien energía culpándose a sí mismos o al otro; en lugar de eso, expliquen por qué no pudieron terminar a tiempo. No te esperes, por ejemplo, a que tu pareja note que no compraste el artículo que dijiste que traerías de la ferretería o a que el jardín todavía sigue sin podarse. Ofrécele tu propia explicación en el reporte que hagas de los avances en la reunión matrimonial, o antes si es posible, y luego elige una fecha realista para cumplir la misión o llevar a cabo la tarea.

Si alguien desea averiguar la etapa en que está la tarea, deberá preguntarlo en esta sección de la reunión. Si no ha sido llevada a cabo como se esperaba, fijen una nueva fecha para terminarla. Pasen esa tarea a la parte superior de la lista de pendientes y denle seguimiento en la próxima reunión, pero la discusión que tengan sobre el tema deberá ser respetuosa. Te reitero que si algún tema se torna demasiado candente, emocional o complicado y no puede resolverse de manera inmediata, entonces deberá pasarse a la sección de *Problemas y desafíos*.

PAREJAS Y DINERO

Si tú y tu pareja ya tienen una rutina establecida para los asuntos de dinero, entonces pueden aprovechar la sección de *Tareas del hogar* para dar un reporte y conversar brevemente sobre gastos, ahorros e inversiones. Por ejemplo, Betty podría sugerirle a Joe que cambien sus ahorros a un banco que les dé más intereses. Alguno de ustedes tal vez quiera mencionar un gasto fuerte que se avecina —como el impuesto predial, el depósito de seguridad de la casa que rentan o el impuesto sobre ingresos pendiente de pagar—, así como el lugar de donde saldrá el dinero que se necesita para cubrirlo.

Los conflictos sobre quién pagará qué gastos, cuánto puede gastar cada quien a discreción o cualquier otro asunto delicado de dinero deberán discutirse en la sección de *Problemas y desafíos* de la reunión.

En realidad no existen reglas sobre cómo deben lidiar las parejas con los asuntos de dinero; sin embargo, es un tema que suele tener una carga emocional debido a lo que simboliza el dinero: para muchas personas representa seguridad, amor, libertad o poder. Hay varios libros muy recomendables sobre el sensible tema del dinero en las parejas. Si hay por ahí un problema sin resolver que está minando tu relación, puedes hablar con un amigo o una amiga en quien confíes, con un asesor económico o de otro tipo, o un psicoterapeuta que te pueda ayudar a abordar tus preocupaciones de manera constructiva.

APRECIA EL ESFUERZO DE TU CÓNYUGE

Las personas necesitan saber que el esfuerzo que hacen para realizar las labores es valorado, incluso si los resultados no son perfectos. Es posible que la cacerola que él lavó todavía tenga algunos residuos de alimentos, o a ella tal vez se le olvidó aspirar algunas migajas, pero un matrimonio siempre será más feliz si ambos aceptan las imperfecciones del otro.

Disfruten del trabajo en equipo

Para lidiar con las labores de manera que las cosas funcionen para ambos, es importante que primero hablen de lo que a cada uno le interesa en particular; pero es necesario que hagan uso de oraciones con *Yo* o *A mí* y que se hablen con respeto. Escucha a tu pareja con sensibilidad. Evita la mentalidad cincuenta/cincuenta porque ésta los puede llevar a ser demasiado quisquillosos; sin embargo, cuando alguno de ustedes sienta que la carga se ha vuelto muy pesada, deberá buscar ayuda. Para que ambos puedan mantenerse en buen estado físico y emocional, es importante que estén de acuerdo en que no tratarán de lograr más de lo que es de verdad posible para cada uno y en que van a respetar los límites del otro. Permitan que el proceso para cambiar rutinas se dé de manera gradual. Experimenten hasta que averigüen qué es lo que funciona mejor para ambos como individuos y para su relación.

Sigan estos lineamientos y su amor crecerá. Yo sé que el aprecio mutuo, la confianza y el respeto florecerán en cuanto ambos reconozcan la contribución del otro, por lo que no resulta del todo sorprendente que las parejas que comparten las tareas también tengan más sexo, así que: ¡Arriba! ¡Vamos, equipo!

LOS *SÍ* Y LOS *NO* DE LA SECCIÓN TAREAS DEL HOGAR DE UNA REUNIÓN MATRIMONIAL

- *Sí* hagan una lista y pónganse de acuerdo en quién será responsable de hacer cada cosa.
- *Sí* fijen fechas límite para completar cada tarea.
- *Sí* establezcan las prioridades *juntos*.
- *Sí* dejen algunas tareas para después y utilicen ese tiempo para otras labores con mayor prioridad.
- *Sí* aprecien el esfuerzo y los logros del otro.
- *Sí* ofrezcan y pidan reportes de avance de las tareas fijadas, estén terminadas o no.

- *No* se preocupen si una tarea no se llevó a cabo, sólo colóquenla en el primer lugar de la lista.
- *No* critiquen la forma en que su pareja se hace cargo de una tarea.
- *No* pierdan energía culpándose a sí mismo o al otro de lo que no se ha hecho.
- *No* permitan que haya discusiones en esta parte de la reunión, recuerden que es como una «junta de negocios».

Ejercicio 2 de Tareas del hogar

Como preparación para la sección de *Tareas del hogar* de la reunión matrimonial puedes escribir las respuestas a las siguientes preguntas en tu diario o en algún otro lugar:

- ¿Qué tareas te gustaría que se llevaran a cabo en la semana siguiente? Ejemplos: «Llamar al técnico para que repare el lavavajillas antes del jueves», «Comprar cortinas para la recámara antes de que pase una semana». Después de terminar tu lista de tareas, señala cuáles son prioritarias. Luego escribe de qué labores estás dispuesto a hacerte responsable.
- ¿Qué tareas a futuro quieres mencionar o discutir? ¿A cuáles quieres ponerles fecha límite?
- ¿De qué proyectos te gustaría darle un reporte de avances a tu pareja? ¿De cuáles te gustaría recibir un reporte por parte de tu cónyuge?

CAPÍTULO 5

Planeamiento del tiempo
de diversión

as actividades recreativas le añaden emoción a todas tus relaciones y te permiten recargar baterías. Cuando sales con tu
cónyuge, avivas la chispa que los atrajo al principio. En la
sección tres de tu reunión matrimonial, *Planeamiento del tiempo
de diversión,* vas a programar salidas de pareja, así como salidas familiares, actividades que disfrutes hacer sin compañía, y reuniones
con amigos y conocidos.

CÓMO PLANEAR EL TIEMPO DE DIVERSIÓN

Esto es lo que vas a planear:
- Una cita con tu pareja para la semana que viene.
- Por lo menos una actividad que te nutra de manera indivi-
  dual; también tiene que ser esa semana.

- En caso de que los hijos estén en casa y tengan disponibilidad de tiempo, una salida familiar.
- Quizás algunas reuniones con los miembros menos cercanos de la familia o con amigos.
- Vacaciones para ustedes como pareja y para toda la familia.

Como en todos los casos anteriores, utiliza herramientas de comunicación positivas en tus charlas y, en particular, habla con oraciones con *Yo* o *A mí*, como se explica en el capítulo 7. También escucha con atención y proponle a tu pareja hacer una lluvia de ideas cuando estén en busca de soluciones; ambas técnicas se describen con detenimiento en el capítulo 9.

El procedimiento que deberás seguir en esta parte de tu reunión es muy simple:

1. En primer lugar, uno de ustedes —o ambos— sugiere actividades para su cita semanal. También puede mencionar las actividades recreativas que les interese hacer por separado y ofrecer ideas para las salidas familiares y las vacaciones, para escapadas de fin de semana como pareja y para las reuniones con amigos.
2. Ahora decidan lo que van a hacer en su cita de la semana. También pueden decidir respecto a las actividades que incluyan a otras personas y con relación a las vacaciones.
3. Luego fijen la hora y la fecha de su cita de pareja. También pueden acordar la fecha de otras actividades como las vacaciones.

Algunas de las parejas que van a mis talleres de reuniones matrimoniales se quedan mudas cuando tienen que organizar su cita porque llevan tanto tiempo enfocados en el trabajo, el dinero, los niños y las tareas del hogar, que ya olvidaron que tienen que pasar tiempo juntos.

¿Recuerdas cuando te enamoraste de tu pareja? ¡Claro!, no fue aspirando la alfombra ni lavando ropa ni yendo a pagar la hipoteca, ¿verdad? Lo más probable es que se hayan enamorado en un lugar agradable. Ambos estaban relajados y se sintieron atraídos;

luego comenzaron a tener citas y *salieron* juntos. Por eso la palabra clave aquí es *salir*. *Salieron* juntos, escaparon de las responsabilidades cotidianas y de las listas de pendientes. Se sintieron felices y emocionados. El amor floreció… y se casaron.

Pero es posible que tiempo después hayas empezado a preguntarte: «¿Qué le pasó al romance?». Si bien el éxtasis inicial tiende a decaer conforme la vida real se apodera del panorama, las parejas no deben llegar a comportarse como compañeros de cuarto, y por eso es necesario que vuelvas a enamorarte de tu cónyuge una y otra vez.

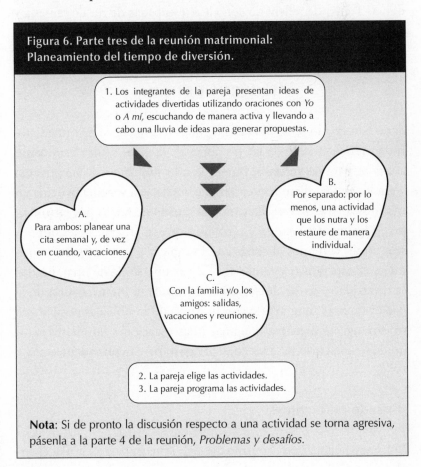

Figura 6. Parte tres de la reunión matrimonial: Planeamiento del tiempo de diversión.

1. Los integrantes de la pareja presentan ideas de actividades divertidas utilizando oraciones con *Yo* o *A mí*, escuchando de manera activa y llevando a cabo una lluvia de ideas para generar propuestas.

A.
Para ambos: planear una cita semanal y, de vez en cuando, vacaciones.

B.
Por separado: por lo menos, una actividad que los nutra y los restaure de manera individual.

C.
Con la familia y/o los amigos: salidas, vacaciones y reuniones.

2. La pareja elige las actividades.
3. La pareja programa las actividades.

Nota: Si de pronto la discusión respecto a una actividad se torna agresiva, pásenla a la parte 4 de la reunión, *Problemas y desafíos*.

Reaviven la llama

Las citas sirven para avivar la chispa romántica porque te recuerdan las cualidades que te atrajeron de tu cónyuge al principio. Sus rasgos, la dulzura de sus ojos, su sentido del humor, su inteligencia, su sonrisa traviesa, su gentileza, su ternura.

Pasar tiempo juntos les ayudará a conectarse de nuevo, vigorizar su matrimonio y acrecentar su reserva de buena voluntad, la cual suele drenarse periódicamente debido al estrés de la vida cotidiana. Traten de rellenarla con citas, escapadas de fin de semana y vacaciones largas.

ASEGÚRENSE DE *SALIR*

Si no han estado teniendo citas regulares, comiencen de inmediato. Independientemente de las presiones de la vida, o más bien como antídoto para las mismas, traten de salir juntos por lo menos una vez a la semana. Pero recuerden que quedarse a ver una película en casa no cuenta. *Salgan.* La casa está repleta de tareas por terminar, pero idealmente, cuando estén libres de esas distracciones, ambos se sentirán cómodos al soñar con franqueza y compartir sus sentimientos, esperanzas y fantasías. Tal vez uno se ría de una anécdota divertida reciente; quizás un recuerdo de la infancia surja de la nada y querrás compartirlo con tu pareja. O también es posible que tu cónyuge comience a imaginar unas vacaciones familiares o un fin de semana sólo para ustedes. ¿Te gustaría enterarte del resto?

¿Cuándo salir juntos?

Muchas parejas eligen el mismo día de la semana para salir. Por ejemplo, tal vez salen a cenar todos los jueves o los sábados por la noche, y luego van a ver una película. Otros varían el día para acomodarse a algún cambio en la agenda o para asistir a un evento específico. Tal vez vean una obra de teatro un sábado por la noche, pero la siguiente semana irán a ver la presentación de un orador en miércoles.

Adopten una actitud positiva para sus citas

Haz que cada cita sea una ocasión especial, ponte elegante, sé positivo, amable y atento con tu pareja. Cuando la demás gente te vea lucir así de espléndido, tu cónyuge te verá de la misma forma, y tú también lo verás así a él o a ella. Disfrútense, haláguense.

Recuerda que lo que quieren hacer es volver a vincularse como amantes, ¿no es verdad? Está bien salir acompañados de amigos de vez en cuando, pero eso tampoco cuenta como cita.

Si van a ver una película o un espectáculo durante el cual no puedan hablar, entonces conversen antes y después del mismo. Den un paseo, vayan a una cafetería elegante o sean creativos y encuentren otras maneras de salir como pareja.

Tal vez quieran hablar mucho o tal vez poco, pero no importa porque el silencio también es muy valioso. Una muy buena parte de la conversación no es verbal. Una sonrisa, un abrazo, un gesto considerado o tan sólo una mirada intensa también sirve para comunicarse. Dejen los problemas en casa porque este tiempo es para que ambos disfruten.

CÓMO ENFRENTAR LAS EXCUSAS

Planeen actividades que les gusten a ambos. Si el dinero representa un problema, no permitan que se vuelva un obstáculo. Algunas de las parejas que dejaron de tener citas poco después de casarse pueden decir cosas como: «No podemos darnos el lujo de salir», y luego dar como ejemplo el precio de una cena promedio en un restaurante elegante o el fuerte gasto que implica ir a una obra de teatro o un concierto. Sin embargo, también hay excusas como: «Estamos demasiado ocupados» y «No tenemos con quién dejar a los niños».

Pero ninguna de estas excusas es lo suficientemente fuerte. De hecho, si tú ya usas alguna de ellas para no salir, debes saber que más bien estás drenando tu reserva de buena voluntad. Y ahora tienes que rellenarla.

CÓMO SUPERAR LOS PROBLEMAS DE DINERO

Si el aspecto económico les causa demasiado estrés, ¡tengan una cita más económica! A continuación, encontrarás varias sugerencias para citas económicas o sin costo:

- Empaquen comida de casa en una canasta y vayan a algún mirador escénico. Pueden llevar un lindo mantel.
- Asistan a una plática gratuita de un autor en alguna librería, biblioteca o universidad.
- Den un largo paseo por un camino que incluya un mirador o una vista hermosa, hagan una excursión o salgan a andar en bicicleta.
- Vayan a un lugar agradable y bello desde donde puedan ver las estrellas.
- Vayan a una cafetería con ambiente íntimo en donde puedan tomarse lentamente una taza de su bebida preferida.
- «Despilfarren» y compartan un sándwich en la cafetería.
- Vayan a ver una obra a algún teatro universitario o comunitario.
- Vayan a una playa.
- Elijan un lugar interesante desde donde puedan observar a los transeúntes.
- Vayan de paseo a ver aparadores.

¿Qué otras actividades se te ocurre que podrías disfrutar con tu pareja?

Lo que yo opino de las parejas que siempre dicen que están demasiado ocupadas para salir es que necesitan volver a establecer sus prioridades. Pregúntate lo siguiente: «¿Me interesa tener una conexión íntima con mi pareja?» y «¿No sería posible que delegue, posponga o elimine por lo menos una o dos actividades para tener tiempo de enamorarme de él/ella otra vez?».

A veces, quienes son padres dicen que no pueden tener citas porque no hay quién cuide a los niños, pero la verdad es que casi cualquier persona que quiera ser creativa puede encontrar a alguien que se encargue de los pequeños de vez en cuando. Es, te repito, una cuestión de prioridades; y cuando por fin vuelvan a salir juntos, se darán cuenta de lo valioso que es tomarse tiempo para ustedes, para salir juntos como pareja.

Aquí te presento algunas ideas para aquellos a los que se les dificulta encontrar alguien que les cuide a los niños:

- Contraten a un adolescente responsable como niñera/niñero. Soliciten referencias y verifíquenlas.
- Contacten a otros padres para conseguir nombres de posibles niñeros/niñeras, o a alguna agencia de la Cruz Roja local que cuente con un programa de entrenamiento para cuidadores de niños; o incluso una preparatoria local con listados de estudiantes interesados en trabajar cuidando niños.
- Funden o únanse a una cooperativa de cuidado infantil.
- Ofrezcan a sus amigos un intercambio de servicios de cuidado de niños.

También hay que ser flexible en cuanto al lugar en donde se cuidará a los niños. En una ocasión, mi esposo y yo queríamos salir en la víspera de Año Nuevo, pero no pudimos encontrar niñera para nuestro hijo. Una amiga nos ofreció cuidarlo en su propia casa y nosotros aceptamos gustosos. El niño se divirtió horrores jugando con los hijos de mi amiga y, a la medianoche, cuando lo recogimos, ya estaba profundamente dormido.

¿Y QUÉ PASA SI YA NO ESTÁS «EN AMBIENTE»?

Para algunas parejas ha pasado tanto tiempo desde la última vez que tuvieron una cita, que prácticamente ya se les olvidó de qué se trata. La solución es hacer una lluvia de ideas y proponer muchas actividades divertidas. Pregúntate lo siguiente: «¿Qué actividades nos gustaba hacer juntos antes de casarnos? ¿Qué me gustaba hacer de niño?». Imaginen juntos las cosas que les gustaría hacer y los lugares que les gustaría visitar. Cada uno debe hacer una lista propia usando como guía el Ejercicio 1 de Planeamiento del tiempo de diversión.

Ejercicio 1 de Planeamiento del tiempo de diversión

Algunos esposos y esposas dicen que ha pasado tanto tiempo desde que solían salir juntos —o incluso solos— a divertirse, que ya olvidaron cómo se hace. Si te identificas con estas personas, este ejercicio es para ti. Utiliza tu cuaderno o algunas hojas, sigue los pasos y haz una tabla como la que se muestra más adelante.

Enlista por lo menos diez actividades que hayas disfrutado con anterioridad, o piensa qué te agradaría hacer ahora. Incluye actividades que te gustaría hacer con tu pareja, pero también otras que quisieras probar solo. Podría ser, por ejemplo, ir a la playa, caminar en el bosque, ir a bailar, ir a un concierto, tomar un baño de burbujas, recibir un masaje en la espalda, tomar una clase de yoga, esquiar, patinar sobre hielo, practicar *snowboarding* o pasar una semana en una isla tropical.

Escribe cuándo fue la última vez que hiciste cada una.

Indica, en cada caso, si la actividad se puede realizar solo o si se necesita de otra persona. En la tercera columna de la tabla puedes escribir *S* si la actividad se realiza en solitario y *P* si se hace en pareja.

Indica qué actividades son gratuitas y para cuáles se requiere dinero.

Señala cuándo te gustaría llevar a cabo cada actividad, o explica los pasos que puedes ir dando para llevarla a cabo pronto.

Aquí hay un ejemplo de cómo hacer el ejercicio:

Actividad	Realizada por última vez	S o P	$ o gratuita	Pasos a seguir/ Fecha
1. Rentar un kayak	Hace un mes	S, P	$	Este domingo
2. Excursión	No recuerdo	S, P	Gratuita	Fijar fecha con mi pareja
3. Leer una novela	Hace dos meses	S	Gratuita	Ir a la biblioteca el viernes
4. Ver una obra de teatro	Hace seis meses	S, P	$	Del domingo en ocho

Te repito que si te cuesta trabajo pensar en actividades, debes recordar qué hacían tú y tu pareja cuando solían salir. Recuerda cómo te divertías cuando eras niño o adolescente. También puedes hacer una búsqueda en internet y hacer una «lista de actividades disfrutables» si quieres tener más opciones.

Cuando acabes tu lista, compártela con tu pareja. Al comparar las de ambos verán qué intereses tienen en común e identificarán las actividades que pueden realizar juntos y las que prefieran hacer solos o con alguien más. El siguiente paso es organizar citas divertidas. El altísimo número de divorcios es una tragedia que, en parte, es resultado de que las parejas invierten demasiada energía en otros asuntos en lugar de cuidar de su relación. Cuando esto sucede, los cónyuges invariablemente se alejan en los aspectos físico y emocional.

Ahora, ¡programa las citas con tu pareja y llévenlas a cabo! Verán que las citas representan un tiempo valiosísimo porque en ellas se fortalece la confianza, elemento fundamental de la intimidad. Excepto si se presenta una enfermedad, un accidente o una emergencia familiar, deben mantener y considerar sus citas como algo sagrado.

SI ES NECESARIO,
AHONDEN MÁS

Algunos esposos y esposas que ya dejaron de salir juntos tal vez temen que, si lo vuelven a hacer, no tendrán nada de que hablar o, peor aún, que su pareja los criticará. Deben acordar que esto no sucederá. Hagan que cada cita sea una buena experiencia para ambos, decidan mantener un enfoque positivo. Si necesitan hablar de temas delicados, podrán hacerlo en las reuniones matrimoniales cuando ya hayan tenido varias, o en una sesión de terapia de pareja si fuera necesario.

Si ya leíste hasta este punto y todavía encuentras excusas para no salir con tu pareja, identifica cuál es el verdadero problema. Lo pueden hacer juntos o pueden recurrir a un terapeuta, un consejero o un amigo. La verdad es que la mayoría de la gente, si así lo desea, siempre puede hacerse tiempo para hacer algo que quiere, incluso si tiene una agenda apretada.

RECONEXIÓN

Salir con tu cónyuge una vez a la semana te permitirá mantener viva la chispa del romance. En poco tiempo te descubrirás emocionado, deseando que llegue el momento de la cita. Esfuércense en que cada salida sea un momento de júbilo para los dos, y la intimidad y el amor entre ustedes florecerá.

PLANEAMIENTO
DE CITAS CONTIGO MISMO

Julia Cameron, autora de *The Artist's Way*, nos exhorta a todos, no sólo a los artistas, a programar una «cita artística» semanal.[7] Julia recomienda dedicarle cierta cantidad de tiempo —digamos unas dos horas a la semana— a estar solo e involucrarse en una actividad que nutra el alma. En períodos como éste, nuestros pensamientos y sentimientos más verdaderos fluyen sin tapujos de manera espontánea. De pronto, surgen ideas y soluciones creativas para los desafíos que enfrentamos en nuestro matrimonio o en otros ámbitos. Al realizar actividades placenteras por ti mismo, te conectas a tu esencia y te sientes más vivo. Tu nuevo yo vigorizado tendrá un efecto positivo en tu matrimonio y en tus otras relaciones y actividades.

Lo más seguro es que, al principio, tu pareja se haya sentido atraída hacia ti por tu intensidad, porque eras feliz y confiado gracias a que cuidabas muy bien de ti. Sin embargo, con todas las presiones de la vida familiar y del matrimonio, es muy fácil olvidarse de uno. A veces dejamos de hacer las cosas que nos inyectaban energía o, al menos, ya no las hacemos con la frecuencia de antes; y cuando esto sucede, corremos el riesgo de dejar de sentir que tenemos una identidad individual y única.

¿QUÉ HACER SI TE SIENTES CULPABLE POR TENER TIEMPO A SOLAS?

¿A veces te sientes culpable porque tomas tiempo para ti mismo? Si ése es el caso, créeme que no eres el único, y que eso no te hace mala persona. Si fueras una mala persona, tu relación no te importaría lo suficiente para leer este libro, ¿no crees? Así que acepta la sensación y, de todas formas, ¡toma tiempo para ti! ¡Dedícate un rato a ti mismo!

No es necesario que los sentimientos se hagan cargo, en este caso el cerebro bien puede lidiar con el problema. Puedes seguir la recomendación de la consejera matrimonial y de relaciones Ellen Kreidman, quien explicó la importancia de llenar tu «copa de amor» nutriéndote a ti mismo.[8] Si no cuidas de ti, entonces las relaciones que tienes contigo, con tu pareja y con los demás se verán afectadas. Si no llenas con regularidad tu copa de amor, serás infeliz, y este sentimiento podría manifestarse a través de una depresión, de ira, pérdida del interés en el sexo, pensamientos sobre un posible divorcio o en un síndrome adictivo hacia el alcohol, la comida, las drogas o el cigarro.

La alegría de vivir que se obtiene al mimarse genera un efecto dominó que no sólo te vigoriza a ti, sino también a tu pareja, tu familia y demás personas que te rodean. La gente se sentirá atraída hacia tu vitalidad y tú enfrentarás tus responsabilidades con mayor facilidad. Para la gente feliz, todo fluye con más facilidad.

Si de todas formas te sientes culpable por ser amable contigo mismo, recuerda que a nadie le agrada estar cerca de un mártir, así que no te conviertas en uno. La expresión «Cuando mamá está feliz, todo el mundo está feliz» también es aplicable a las parejas. Rellena tu copa de amor con frecuencia; si necesitas un empujoncito para pensar en actividades que te gustaría hacer solo, haz una búsqueda con la expresión «lista de actividades placenteras» en internet e identifica cuáles te agradan. Y después de eso podrás programar tiempo para llenar tu copa de amor.

ESTAR JUNTOS:
¿SE PUEDE LLEGAR A EXAGERAR?

Algunas personas creen que es necesario renunciar a los intereses individuales en cuanto uno se casa, pero no hay nada más falso que eso. Lo más probable es que al privarte de las actividades que te nutren, empieces a sentirte incómodo. Tu autoestima se verá afectada y vas a empezar a guardarle resentimiento a tu pareja.

Si valoras cosas como el romance, la intimidad emocional y una vida sexual saludable, entonces no insistas en el tipo de «cercanía» que te drena la vitalidad. Asegúrate de involucrarte en actividades disfrutables que te ayuden a restaurar tu energía, y hazlo tú solo o con otras personas que no sean tu pareja.

SALIDAS FAMILIARES

Las salidas familiares promueven la creación de vínculos, la buena voluntad y la cooperación. Salir juntos como familia por unas horas, un día, un fin de semana o más tiempo, incrementa la armonía en el hogar.

Es muy probable que se te facilite organizar actividades que toda la familia disfrute cuando los niños son pequeños porque los padres toman las decisiones; sin embargo, conforme crecen los hijos, necesitan participar más en ellas. Por esto es fundamental que los animes a dar su opinión y compartir sus ideas.

Cómo adaptarse
a los distintos intereses

Hay ocasiones en que los miembros de la familia expresan distintas preferencias, y entonces es difícil que se pongan de acuerdo en lo que quieren hacer o a dónde quieren ir. Eso fue lo que sucedió hace algún tiempo en una de nuestras reuniones familiares cuando estábamos planeando unas vacaciones cortas. Estas reuniones con la familia las estábamos haciendo también con la misma estructura de cuatro partes que tienen las matrimoniales.

Mi esposo y nuestro hijo querían ir a acampar, pero yo no. No me malinterpretes, me encanta dormir bajo el cielo lleno de estrellas resplandecientes, amanecer en una casa de campaña rodeada de monumentales árboles de hojas perennes y oler la frescura del bosque y el aroma del desayuno en el asador por la mañana; pero la verdad es que no puedo dormir bien en el suelo ni en los catres y, por lo mismo, siempre estoy de mal humor al día siguiente.

Lluvia de ideas para las vacaciones familiares

Decidimos pasar el problema de la organización de las vacaciones a la sección de *Problemas y desafíos*. Cada uno mencionó las actividades que quería hacer, independientemente del lugar al que fuéramos, y yo escribí todas las sugerencias. Mi esposo y mi hijo dijeron que querían acampar. Yo sugerí hacer kayak y *rafting*. Mi esposo dijo que él quería visitar un pueblo fantasma del Viejo Oeste y mi hijo estuvo de acuerdo. Yo quería pasar por lo menos una o dos horas cerca del lago, y mi hijo dijo que él prefería ir de excursión. Cuando tuvimos la lista, la revisamos y buscamos las actividades en las que todos podríamos estar de acuerdo; entonces descubrimos que todos queríamos hacer kayak y *rafting*. Mi esposo y mi hijo estuvieron dispuestos a renunciar a la idea de acampar. Yo no quería deambular por un pueblo fantasma, pero, en un espíritu de reciprocidad, accedí. Entonces me di cuenta de que podía relajarme en el lago o acompañarlos a la excursión. Decidimos quedarnos en la zona de Lake Tahoe porque ahí era posible hacer todo lo que nos interesaba. Luego hicimos planes concretos, ¡y nos divertimos muchísimo!

En caso de que te estés preguntando si los muchachos pudieron realizar su sueño de ir de campamento, te diré que sí, pero lo hicieron en otra ocasión, acompañados de otro papá que conocemos y sus dos hijos. Yo me quedé en casa y todos la pasamos bien.

EL TIEMPO DE DESCANSO Y DIVERSIÓN SIRVE PARA QUE TODOS RECARGUEN LA BATERÍA

Es muy común que los desafíos de la vida y las listas de pendientes logren empantanarnos, pero no trates de lidiar con ellos indefinidamente sin energía. Todos necesitamos hacer pausas para poder funcionar bien. Hacerte tiempo para mejorar tu relación marital incrementará la armonía familiar y te llenará de energía para manejar con confianza todo lo que se te presente.

LOS *SÍ* Y LOS *NO* DEL PLANEAMIENTO DEL TIEMPO DE DIVERSIÓN

- *Sí* tómate tiempo para pensar en actividades placenteras.
- *Sí* haz planes para pasar un rato de entretenimiento solo, con tu pareja y con la familia.
- *Sí* organiza «citas artísticas» para ti nada más.
- *Sí* anima a tu cónyuge a realizar actividades individuales que le permitan nutrir su alma.

- *No* caigas en la trampa de ser mártir. Invertir tiempo en ti da como resultado beneficios para todos.
- *No* olvides planear las vacaciones, ya sea como pareja, como familia, e incluso tal vez unas para ti solo.

Ejercicio 2 de Planeamiento del tiempo de diversión

Puedes prepararte para tu reunión matrimonial respondiendo las siguientes preguntas en tu cuaderno:

1. ¿Qué ideas tienes para llevar a cabo actividades disfrutables en la siguiente semana?
   a) Como pareja
   b) De manera individual
   c) Con la familia y/o con amigos

2. ¿Qué ideas tienes para las vacaciones de pareja, las familiares y, quizá, para las tuyas por separado?

CAPÍTULO 6

Manejo de problemas y desafíos

Aprecio → Tareas del hogar → Planeamiento del tiempo de diversión → Problemas y desafíos

> *El matrimonio es una alianza entre un hombre que no*
> *puede dormir con la ventana cerrada y una mujer que no*
> *puede dormir con la ventana abierta.*
>
> GEORGE BERNARD SHAW

P*roblemas y desafíos* es la última parte de la reunión matrimonial por una buena razón. Imagina que acabas de terminar las tres primeras partes; ahora te sientes apreciado, sabes que las tareas del hogar se llevarán a cabo y estás emocionado porque acabas de planear una cita con tu pareja. ¡Claro que estás de buen humor!

Sí, todavía tienes preocupaciones, ¿quién no? Pero en este momento tienes esa sensación de «Estamos juntos en esto», de «Podemos enfrentar lo que sea». Estás listo para enfrentar los desafíos como parte de un equipo y proponer soluciones que funcionen para ambos. Cada vez que resuelves un problema, vas percibiendo esa serena sensación de conclusión porque, antes de eso, tenías un peso mental que te estaba afectando. Además, ahora tienes ganas de terminar la reunión con optimismo, de cubrir el pastel con un llamativo y delicioso betún, por así decirlo. Y ahora, explicaré como hacerlo:

CÓMO DISCUTIR LOS PROBLEMAS Y DESAFÍOS

Ésta es la manera de llevar a cabo la sección *Problemas y desafíos* de tu reunión matrimonial: cualquiera de los dos puede presentar una preocupación. Elijan sólo una o dos en cada reunión, tres como máximo; de esta forma podrán mantenerse enfocados y ser constructivos. No te abrumes con una lista como si fueras de compras para discutir en una sola sesión. Hablen únicamente de un tema a la vez y utilicen las herramientas de comunicación que se explican en los capítulos 7, 8 y 9. Aunque es útil animar a la persona que se expresa menos de forma verbal a que hable primero en todas las partes de la reunión, por el momento vamos a dar por hecho que tú empiezas la conversación aquí.

1. Presentas el tema que te preocupa. Usa oraciones con *Yo* o *A mí* (véase el capítulo 7) para crear un ambiente de respeto. En las primeras cuatro o seis sesiones, sólo menciona desavenencias fáciles de enfrentar. Esto servirá para fortalecer la confianza en ambos, de tal suerte que más adelante puedan lidiar con problemas más fuertes.

2. Tu pareja escuchará hasta que termines de decir todo lo que piensas.

3. En cuanto sientas que tu pareja te comprendió, él o ella responderá. También deberá usar oraciones con *Yo* o *A mí*, y tú tendrás que escuchar con atención.

4. Continúa la discusión, pero no olvides usar herramientas positivas de comunicación hasta que ambos sientan que han sido escuchados y comprendidos.

5. Posibles resultados de la discusión:

   a) La pareja llega a un acuerdo sobre cómo manejarán el conflicto.

   b) La pareja no llega a un acuerdo y decide continuar la discusión en la próxima reunión.

   c) La pareja acepta que el problema no tiene solución porque se debe a que uno de los cónyuges tiene un rasgo de personalidad que sería muy difícil cambiar, y entonces aceptan que pueden vivir con ello.

   d) Con el paso del tiempo, la pareja descubre que no pueden resolver un conflicto y que eso está separándolos cada vez más. En este caso deberán buscar la ayuda de un terapeuta, un consejero matrimonial u otra persona suficientemente preparada.

6. Si el tiempo lo permite, después de discutir el primer problema, cualquiera de los dos puede mencionar otro asunto y repetir la secuencia anterior.

7. Cuando terminen la sección *Problemas y desafíos,* háganlo en un punto positivo, en un ambiente cordial. Agradézcanse el uno al otro por haber participado, muestren su aprecio estrechando la mano, dándose un abrazo o de cualquier otra forma que los haga felices.

Dale un toque de esperanza y optimismo al final de tu reunión matrimonial

Después de concluir tu reunión, haz con tu pareja una actividad que les agrade a ambos; tal vez puedan compartir un postre, por ejemplo. También es posible que deseen estar separados y pasar un tiempo a solas, sólo hagan lo que le siente mejor a cada uno.

CÓMO EVITAR QUE LOS «PROBLEMITAS» SE CONVIERTAN EN GRANDES DISTURBIOS

Muchas relaciones terminan porque la pareja permite que los problemas menores crezcan hasta salirse de control. Te voy a dar un ejemplo para que veas que cualquier pareja puede lidiar de manera eficaz con un problema menor, casi trivial, y evitar que se convierta en un fuerte resentimiento.

Supongamos que a Alan, el esposo, le gusta guardar muchas cosas en casa, y Cathy, su esposa, detesta el desorden y el acumulamiento. Alan le dice a Cathy: «(Yo) estoy molesto porque tiraste a la basura la avena que estaba guardando. Te dije que el doctor me había indicado que debía comerla con frecuencia porque es importante para mi salud». Luego, en un tono respetuoso, añade: «Por favor deja mi avena en el refrigerador». Alan acaba de expresar su frustración respetando sus sentimientos y los de su esposa, y también dijo lo que espera que suceda en el futuro.

Tal vez el primer impulso de Alan fue despotricar y gritar: «¡¿Cómo te atreves?!» en un tono que habría dado pie a una conversación negativa. Alan pudo sentirse tentado a decir que Cathy estaba siendo egoísta y desconsiderada, o incluso pudo insultarla porque, después de todo, se ha dado cuenta de que su esposa se comporta también con insensibilidad hacia él en otras situaciones. Pero en lugar de eso, se dio tiempo para matizar su enojo lo suficiente para hacer una oración constructiva con *Yo*. Alan dijo: «Yo estoy molesto». *Molesto* o *molesta* suele ser una buena palabra para utilizar en la reunión porque hay quienes se ponen a la defensiva cuando alguien les dice que está «enojado» o «furioso» con ellas.

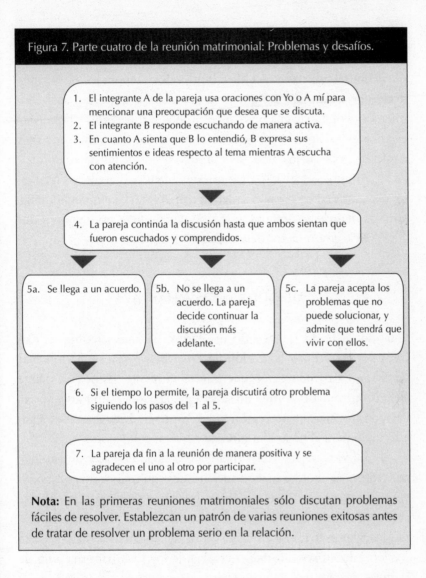

Figura 7. Parte cuatro de la reunión matrimonial: Problemas y desafíos.

1. El integrante A de la pareja usa oraciones con Yo o A mí para mencionar una preocupación que desea que se discuta.
2. El integrante B responde escuchando de manera activa.
3. En cuanto A sienta que B lo entendió, B expresa sus sentimientos e ideas respecto al tema mientras A escucha con atención.

4. La pareja continúa la discusión hasta que ambos sientan que fueron escuchados y comprendidos.

5a. Se llega a un acuerdo.

5b. No se llega a un acuerdo. La pareja decide continuar la discusión más adelante.

5c. La pareja acepta los problemas que no puede solucionar, y admite que tendrá que vivir con ellos.

6. Si el tiempo lo permite, la pareja discutirá otro problema siguiendo los pasos del 1 al 5.

7. La pareja da fin a la reunión de manera positiva y se agradecen el uno al otro por participar.

Nota: En las primeras reuniones matrimoniales sólo discutan problemas fáciles de resolver. Establezcan un patrón de varias reuniones exitosas antes de tratar de resolver un problema serio en la relación.

Pero como su esposo fue considerado en su tono y en las palabras que usó, Cathy no siente la necesidad de defenderse. Entonces puede responder: «Lo lamento, pensé que ya no ibas a comer más avena. De ahora en adelante, voy a dejarla en el refrigerador». Incluso puede bromear un poco y agregar: «Bueno, pero sólo hasta que vea que le empiece a salir moho, ¿de acuerdo?», y es que, de vez en cuando, algo se echa a perder en el refrigerador. Entonces Alan puede sonreír, disfrutar del buen humor de su esposa y sentirse agradecido de saber que, después de todo, a ella le importan sus sentimientos, y que su avena permanecerá en el refrigerador. Ahora Alan estará mejor dispuesto a notar las cosas buenas de su matrimonio y a tolerar los disgustos menores con un espíritu de buena voluntad.

Aunque Cathy y Alan seguirán teniendo diferencias en cuanto a la cantidad de cosas que deben conservar, si aprenden a manejarlo de manera respetuosa, este tipo de conflicto no tiene por qué convertirse en un factor determinante de rompimiento.

¿DE QUÉ VAMOS A HABLAR?

Cuando ya hayas establecido un patrón de varias reuniones exitosas podrás utilizar la sección de *Problemas y desafíos* para hablar de cualquier preocupación que traigas en mente. Es posible que te sientas intimidado porque no sabes qué responderá tu pareja, pero, de todas formas, es necesario que te expreses. Éste es el momento adecuado para aligerar el ambiente y buscar soluciones.

Tal vez quieras hablar sobre la necesidad de hacer un cambio, de la forma de abordar una transición o de problemas íntimos. ¿Cómo van a afectar tu relación ese nuevo horario de trabajo o las labores como voluntario de tu pareja? ¿Estás pensando en traer a un pariente ya mayor a vivir con ustedes? Otros de los temas a tratar en esta sección pueden ser: un nuevo empleo, la logística para que uno de los hijos deje la casa para ir a vivir al dormitorio de la universidad o cualquier otro cambio para los miembros del hogar.

¿Alguno de ustedes desea tener más tiempo de pareja o más tiempo para sus actividades individuales? ¿Hay una preocupación económica latente? ¿Problemas en el aspecto sexual? ¿Cuáles son los desafíos que ya ven venir? No dejen de hablar al respecto.

Tal vez te encanta la idea de tener invitados y que se queden a dormir en casa, pero en tiempos recientes has tenido demasiados y ya estás agotado. Háblalo con tu pareja. Recuerda usar oraciones con *Yo* o *A mí*, como: «(Yo) quiero ser generoso con nuestros invitados, pero estoy cansado de atender a todas las personas que se han quedado en casa últimamente». Quizás ha llegado el momento de negarse a invitar a la gente a que pase la noche en casa. O tal vez podrías tener invitados siempre y cuando todos estén de acuerdo en ayudar con las tareas adicionales. Busquen una solución en pareja.

Te recomiendo tomar notas durante la semana y escribir todo aquello que te preocupe. Haz tu lista en tu cuaderno o diario, y ten en mente que podrás lidiar con el asunto durante esta parte de la reunión matrimonial.

Comienza con los problemas menores y fáciles de resolver

Es posible que te sientas tentado a mencionar toda una serie de quejas en tu primera reunión, sobre todo si ya tienes una larga lista de dificultades que llevan algún tiempo acumulándose. Debes tomar en cuenta, sin embargo, que el primer objetivo es que ambos se sientan cómodos con las reuniones matrimoniales y que aprendan a utilizarlas como una herramienta segura para volver a conectarse semana a semana.

Te repito que debes dejar pasar algo de tiempo para que ambos se acostumbren a las reuniones y sientan la confianza suficiente para hablar de asuntos delicados. Estos problemas mayores deberán reservarse para cuando, como pareja, ya hayan tenido varias reuniones exitosas. Al principio, sólo hablen de dificultades fáciles de superar y mantengan un tono ligero y afable.

Ejemplos de problemas fáciles de resolver

La situación de la avena de Cathy y Alan es un buen ejemplo de una contrariedad menor que se puede discutir en las primeras reuniones matrimoniales. A continuación mencionaré otras dificultades, también menores, con las que se puede lidiar desde el principio, siempre y cuando tú y tu pareja sigan las reglas de comunicación eficaz que se describen en los capítulos 7, 8 y 9.

1. Pregúntale a tu pareja si está contenta con las comidas que has estado preparando. Di algo como: «Me pregunto si preferirías comer algo distinto, como más platillos vegetarianos, ¿o tal vez más carne?» o «¿Qué piensas de la comida cocinada con menos grasa y azúcar? ¿Te gustaría probar una dieta de este tipo por algún tiempo?».

2. Si estás molesto por la tendencia de tu pareja a llegar tarde y de verdad quieres llegar a tiempo a un lugar, puedes decir: «(Yo) de verdad apreciaría mucho que estuvieras listo(a) para salir de casa el sábado a las 7 p.m. en punto. Es muy importante para mí llegar a tiempo a ese concierto sin presionarme».

3. Estás tratando de perder peso, pero tu cónyuge suele traer a casa un paquete grande de tus galletas favoritas y ponerlo junto a las cajas de cereal. Puedes decir en un tono amable: «Hazme un gran favor, estoy tratando de bajar de peso, pero las galletas me jalan como imán. Sé que a ti también te gustan mucho, pero ¿podrías esconderlas en algún lugar de la casa donde yo no las vea o, mejor aún, mantenerlas en tu oficina?».

4. Si ya estás listo para escuchar la respuesta a esta pregunta, hazla: «¿Qué otras tareas del hogar te gustaría que yo hiciera?» La respuesta podría surgir en la misma reunión durante la que se hizo la pregunta, pero si no, ambos tienen la opción de decir: «Tendré que pensarlo y decirte la próxima semana».

RECUERDA GUARDAR LOS TEMAS DELICADOS
PARA REUNIONES POSTERIORES

La historia de Judy y Wally vuelve a ilustrar el riesgo de abordar un problema con fuerte carga emocional antes de acumular la experiencia que otorga una serie de varias reuniones matrimoniales exitosas. En sus primeros dos años de casados, Judy subió unos quince kilos, y ver a su esbelta esposa subir tanto de peso irritó mucho a Wally. Sin embargo, no le había dicho nada porque ella no dejaba de mencionar que quería volver a su talla anterior.

Tiempo después, Judy y Wally tuvieron su primera reunión matrimonial. Todo fue bien hasta que llegaron a la parte de *Problemas y desafíos,* y Wally le dijo a su esposa: «Me gustaría que dejaras de hablar de bajar de peso y que realmente hicieras algo para ayudarte a ti misma como comer mejor o hacer más ejercicio».

Pero las palabras de Wally fueron un *shock* para ella. Evidentemente, tocó una fibra muy delicada porque Judy ya estaba consciente de su sobrepeso, y ahora se sentía lastimada y avergonzada. Entonces acusó a Wally de ser odioso e insensible. Ésa fue su primera y última reunión matrimonial. Como no mantuvieron un enfoque positivo, ya no quisieron programar otra. «¿Por qué voy a arriesgarme a que lastimen mis sentimientos?», pensó Judy. Y Wally, por supuesto, llegó a la siguiente conclusión: «No quiero que me critiquen por ser honesto».

Pero si el «hubiera» existiera, ¿qué tipo de desafío podría haber presentado Wally para que él y su esposa hubieran deseado tener más reuniones en lugar de descartarlas? Tal vez pudo haber hablado sobre un tema menos complicado y pedirle a Judy que le ayudara *a él* a hacer más ejercicio. En ese caso ella habría estado dispuesta a participar. Incluso podrían haber hablado de retomar los partidos de tenis que solían disfrutar, o de salir a caminar juntos con paso vigoroso. O quizá Wally pudo haberle pedido a Judy que le diera ideas sobre el regalo de cumpleaños que quería recibir próximamente y decirle que quería asegurarse de que fuera algo que a ella de verdad le agradara. ¡Estoy convencida de que Judy habría estado feliz de participar!

Por todo lo anterior debo reiterar la importancia de que reserves los temas de mayor carga emocional para cuando ya hayan establecido un patrón de reuniones exitosas en las que se hayan proporcionado generosas dosis de aprecio. Entre los temas delicados se incluyen: los suegros, educación de los hijos, problemas económicos, diferencias en la necesidad de intimidad y de tiempo separados, y comentarios que puedan tomarse como críticas. Resolver este tipo de desafíos puede tomar semanas, meses o incluso más tiempo. Hay otros que pueden durar de manera indefinida. Si un problema sin resolver continúa dañando la relación, ambos deberán estar dispuestos a consultar a un tercero, como un psicoterapeuta, un consejero, un clérigo o un amigo sensato y de confianza.

Cómo discutir un problema delicado

En cuanto hayan tenido suficientes reuniones exitosas en las que hayan podido fortalecer la confianza, estarán listos para hablar de asuntos más escabrosos. A continuación, daré un ejemplo de la manera en que una pareja discute un tema difícil con eficacia, gracias a las herramientas positivas de comunicación.

Después de cinco reuniones matrimoniales, Carol y Roger sienten que ya se están acostumbrando a la estructura. Al principio les pareció un procedimiento forzado, pero eso les sucede a muchas parejas. Ahora, sin embargo, disfrutan mucho de expresar y recibir aprecio, planear sus citas románticas y ejecutar un mejor trabajo en equipo para enfrentar las tareas del hogar.

Carol cree que ya están listos para hablar de un asunto sensible. En el pasado, ella y Roger han tenido discusiones sobre el hecho de que ella es demasiado estricta y él demasiado relajado en la forma de disciplinar a Timmy, su hijo de seis años. Carol está enojada ahora porque Roger le permitió a Timmy salir de su habitación cuando se suponía que estaba en «tiempo fuera» como ella se lo había ordenado. Esa noche, en la parte de *Problemas y desafíos,* Carol pone el tema en la mesa.

En un tono sereno, le dice a Roger: «Sé que disfrutas mucho de jugar a atrapar la pelota con Timmy, y que a él también le gusta. Y por lo general, me da mucho gusto verlos lanzándose tiros en el jardín, pero esta tarde que se suponía que Timmy debía estar en "tiempo fuera" pensando las cosas en su habitación y tú lo dejaste salir y te pusiste a jugar con él… me sentí minimizada».

Roger se defiende con desenfado: «Ay, perdón, no me di cuenta… pensé que ya se había acabado su "tiempo fuera"».

«¿Ah, sí?», piensa Carol. «¿O tal vez sólo quisiste ser el papá buena onda otra vez?». Pero ¿qué ganaría con acusarlo? Nada, por eso sólo dice: «Bueno, entonces la próxima vez, por favor, verifica conmigo si ya terminó el castigo antes de dejarlo salir». Roger dice que lo tendrá en mente, pero Carol sabe que eso no significa gran cosa, y por eso agrega: «Realmente quiero que me apoyes cuando discipline a Timmy; quiero que trabajemos en equipo». Y entonces Roger acepta que la próxima vez verificará primero con ella en qué momento termina el «tiempo libre» y puede invitar a Timmy a salir a jugar.

Carol sabe que muy probablemente Roger continúe siendo más permisivo que ella porque suele dejar que Timmy lo convenza de dejarlo quedarse despierto mucho más tiempo después de la hora de ir a la cama, y ella no lo hace. Y a la hora de la comida es Carol, nunca Roger, quien le dice a Timmy que tiene que comerse las verduras. Sin embargo, a ella le sirve recordar que lo primero que la hizo sentirse atraída hacia Roger fue su naturaleza amable y relajada. Todavía adora esos rasgos de su esposo, pero ahora también está viendo el lado negativo: que su naturaleza lo hace permisivo y demasiado laxo como padre.

Carol concluye que lo mejor será recordarle a Roger con anticipación que necesita su apoyo para criar a Timmy. Asimismo, se da cuenta de que Roger puede ser bastante receptivo en la sección de *Problemas y desafíos* de su reunión matrimonial, la cual tiene lugar poco después de que ella ya lo alabó con sinceridad y efusividad en la parte de *Aprecio*.

ESTABLEZCAN UN LÍMITE PARA EL NÚMERO DE PROBLEMAS QUE ABORDARÁN

Lo más recomendable es no abordar más de una o dos desavenencias en la sección de *Problemas y desafíos* porque es importante mantener la discusión a una escala manejable. Evita el riesgo de sentirte abrumado al hablar de demasiados problemas en una sola ocasión. La reunión matrimonial completa no puede durar más de 45 minutos. De hecho, en cuanto se hayan acostumbrado a las reuniones, serán capaces de terminarla en media hora o menos. Lo ideal es no pasar más de quince o veinte minutos en la parte de *Problemas y desafíos*. Si es necesario, utilicen un temporizador; recuerda que siempre tendrán la reunión de la semana siguiente para seguir hablando de los temas que ya han tratado o de uno nuevo. También pueden programar una reunión adicional para tratar de manera específica cualquier problema que exija más tiempo.

LO QUE HAY QUE PREGUNTARSE ANTES DE UNA REUNIÓN MATRIMONIAL

Elige con cuidado de qué vas a hablar en la reunión haciéndote la siguiente pregunta: «¿De verdad es un problema tan importante como para quejarme?». Después de eso, es posible que decidas tratar de aceptar la postura o comportamiento de tu pareja. Si lo logras, ¡felicidades! En caso contrario, pregúntate:

1. ¿Qué tan fundamental es que yo salga ganando en esta negociación? Si hay un desacuerdo entre ustedes, trata de elegir un número del uno al diez, en donde diez significa que el asunto es muy importante para ti, y uno, nada importante. Luego permite que quienquiera que se sienta más afectado por el problema sea quien «gane».

2. ¿Estás dispuesto a considerar soluciones alternativas? Si así es, lleva a cabo una lluvia de ideas con tu pareja y luego implementen una solución aceptable para ambos. Pongamos un ejemplo sencillo. Hablemos del papel higiénico. Tal vez lo mejor sea que estén de acuerdo en que quienquiera que use la última parte y cambie el rollo, elija cómo colocarlo en el dispensador. En el capítulo 9 se incluyen detalles sobre cómo hacer una lista de sugerencias para solucionar un problema antes de decidir qué solución se deberá implementar. Por supuesto, no olvides que deberás mostrarle aprecio a tu cónyuge por cooperar contigo.

LAS DIFERENCIAS PUEDEN AYUDAR A QUE LAS RELACIONES PROSPEREN

Algunas parejas creen que los buenos matrimonios no tienen conflictos y dicen cosas como: «Nosotros nunca peleamos». Muchos creen que si no están de acuerdo en todo, significa que su matrimonio está en peligro, y por eso empiezan a ocultar las diferencias detrás de sonrisas, de falsas expresiones con las que indican que coinciden en opiniones, o incluso del silencio. Es posible que ambos digan lo que creen que su pareja desea escuchar, en lugar de lo que realmente piensan. Pero tarde o temprano se darán cuenta de que se han estado alejando y que ya no se entienden como pareja.

En lugar de ocultar las diferencias que no cuadran con tu fantasía del matrimonio perfecto, empieza a detectarlas porque son la clave de toda relación próspera. Cualquiera de las cosas que ahora te irritan pueden ser esas mismas cualidades que te atrajeron de tu pareja en un principio. Por ejemplo, quizás ahora te desquicie que tu cónyuge sea demasiado relajado en la crianza de los niños, tal como le sucedió a Carol con Roger en el ejemplo anterior. Tal vez te moleste que tu pareja deje que los niños se acuesten tarde, o que haya olvidado, una vez más, traer algo que le encargaste que comprara en el supermercado. Pero entonces recuerdas que lo que te atrajo de esa persona al principio fue justamente su actitud relajada, y de hecho, todavía te atrae.

A veces un conflicto te puede hacer sentir tan bloqueado o frustrado, que llegas a pensar que tu matrimonio no funciona cuando lo más probable es que sí esté funcionando, pero necesite que le inviertas más energía. En primer lugar, identifica qué es lo que más te molesta; luego pregúntate cómo te gustaría que fueran las cosas. Imagina lo que desearías que cambiara. Luego piensa en distintas maneras positivas de lidiar con el asunto. Con el tiempo, si no es que de inmediato, encontrarás la forma de enfrentarlo.

Tus respuestas positivas a las diferencias que surjan en la sección *Problemas y desafíos* restaurarán los buenos sentimientos y mejorarán el vínculo que tienes con tu pareja.

La conversación de Carol y Roger muestra la forma constructiva en la que Carol respondió al problema de las distintas perspectivas que tienen ella y su esposo respecto a la educación de su hijo. Roger no apoyó a Carol cuando ella mandó a su hijo a «tiempo fuera» a pensar porque es más laxo. Carol tiene una naturaleza más rigurosa y valora el trabajo en equipo y la disciplina. Carol entiende que el lado negativo de la divertida y relajada personalidad de Roger es que termina siendo demasiado permisivo con Timmy. Por todo esto, Carol fue capaz de decirle con cortesía a Roger que se sentía minimizada por su comportamiento. También le pudo decir que, la próxima vez que surja una situación similar, quiere que coopere con ella. Mientras sigan comunicándose de manera respetuosa y honesta, seguirán teniendo avances, aunque éstos sean graduales.

CUIDADO CON LAS TRAMPAS EN LAS RELACIONES

Los señalamientos en las carreteras les advierten a los conductores que deben prepararse para enfrentar un problema más adelante: un cruce peatonal, una curva o una vuelta cerrada. En las relaciones también hay señalamientos que nos preparan para los posibles riesgos que a veces no tomamos en cuenta. Evita caer en las trampas del camino, lo único que necesitas hacer es estar alerta y tratar de detectarlas cuando hables con tu pareja sobre los problemas y desafíos que enfrentan.

Trampa no. 1: Yo tengo la razón; tú estás equivocado

Esta actitud indica que uno de ustedes no respeta el derecho del otro a ser ella misma o él mismo. Mucha de la gente que se somete a terapia conyugal por primera vez tiende a estigmatizar los pensamientos, creencias y comportamientos de su pareja diciendo que son «erróneos», que su pareja «está equivocada», y esto, claro, provoca un contraataque por parte del otro. Los cónyuges que caen en esta situación generalmente quieren que el terapeuta —en este caso yo— actúe como una especie de árbitro, pero entonces yo les explico que los términos «correcto» e «incorrecto» son términos aplicables en las enseñanzas religiosas y los procedimientos legales. Es mucho mejor ver la terapia como un tiempo en el que los integrantes de la pareja van a *entenderse* mejor a sí mismos y al otro, ya que esto aumenta las probabilidades de mejorar la relación. Las discusiones sobre quién está en lo correcto y quién se equivoca sólo generan resentimiento, y éste sólo bloquea el cariño y la comprensión.

Cuando alguien viene a tomar terapia conmigo y empieza con la cerrada visión de lo «correcto» y lo «incorrecto», trabajo con esa persona y le explico que *diferente* sólo significa que algo *no es igual,* y cuando por fin lo entiende, siento que logramos un gran avance. Esfuérzate por respetar la dignidad y el valor esencial de la perspectiva de tu pareja y también de la tuya. Sólo de esa manera podrás llegar a soluciones que los satisfagan a ambos.

Al reconocer las diferencias y responder a los desafíos de la relación de manera constructiva en la parte de *Problemas y desafíos,* ambos crecerán como individuos y como pareja.

Trampa no. 2: El cincuenta/cincuenta

«¿Qué el matrimonio no debería ser una propuesta de cincuenta/cincuenta?», preguntó una mujer en una clase que di hace tiempo.

«En realidad no», contesté.

Este tipo de pensamiento lleva a la pareja a pesar y medir todo. Enfocarse demasiado en la equidad puede llevar a la gente a pensar: «¿Y yo qué gano?» y a la puntillosidad que le quita a la relación el romance y el espíritu de la generosidad.

La igualdad tiene su razón de ser, pero hay que aplicarla sólo de vez en cuando. Por ejemplo, si sientes resentimiento porque a ti te toca hacer la mayor parte de las labores del hogar, puedes pedirle a tu pareja que ayude a planear una estrategia más «equitativa» para dividir el trabajo. Si estás en condiciones de discutir el asunto con calma, hazlo en la parte de *Tareas del hogar* de la reunión; de otra manera, mejor menciona el tema en la parte de *Problemas y desafíos.*

Lo ideal es que el esposo y la esposa se enfoquen en hacer lo que complace al otro. El rabino Manis Friedman nos muestra cómo aplicar esta enseñanza con el ejemplo de una pareja en conflicto.

El esposo quiere que la ventana de la alcoba se quede abierta en la noche; la esposa la quiere cerrada. ¿Y cómo discuten? Así: él insiste en que se quede cerrada, ¡y ella en que se quede abierta!

Cuando escuché al rabino Friedman decir esto, todavía era soltera y, por lo tanto, prácticamente no podía creer lo que estaba escuchando. Hasta ese momento siempre pensé que los conflictos matrimoniales consistían en luchas de poder que duraban hasta que uno de los cónyuges se rendía y dejaba que el otro «ganara».

Han pasado veinticinco años desde que escuché al rabino Friedman contar su versión de cómo debe discutir una pareja, pero lo recuerdo con muchísima claridad porque era algo muy distinto a lo que el sentido común me decía que era posible.

En aquel entonces no podía imaginar lo que sería renunciar a mi preferencia sólo para permitirle a mi esposo salirse con la suya. Pero, aunque parezca un milagro, ahora lo puedo hacer en mi matrimonio. No siempre, pero sí con mucho más frecuencia de lo que esperaba. Por suerte mi esposo también lo hace y, claro, ninguno de los dos está llevando la cuenta.

«¿Pero qué el matrimonio no se basa por completo en llegar a acuerdos mutuos?», preguntó la misma mujer de antes.

Pues no, no necesariamente. Cuando llegar a un acuerdo significa quedarse en el punto medio, ambas partes pueden salir perdiendo. Por ejemplo, digamos que una pareja va a tener su cita cierta noche; ya acordaron que van a ir a cenar. Como la esposa quiere ir a un restaurante italiano y el esposo quiere comida china, deciden llegar a un acuerdo y van a un restaurante de comida norteamericana. Ambos creen que es lo justo, pero también ambos terminan sintiéndose decepcionados porque tienen que comer lo mismo de siempre. Es decir, llegaron a un acuerdo en el que nadie ganó.

A veces, en lugar de llegar a un punto medio, tiene más sentido que la persona a la que el resultado le importe menos ceda y se acople a lo que quiere el otro. ¿Qué pasa si no estás seguro de a quién le importa más? Pregúntale a tu cónyuge: «En una escala del uno al diez, ¿qué tanto deseas (lo que quiera que sea)?». También puedes hacerte la misma pregunta a ti.

Trampa no. 3: ser el mártir

Algunas personas creen que la clave de una buena relación es ser amable y abnegado a cualquier costo. ¿Pero qué podría estar mal en esta actitud?

Una buena relación debe estar libre de una tendencia exagerada a pesar y medirlo todo, pero cuando la balanza se desequilibra por completo, alguien termina sufriendo. Ser amable y generoso es increíble, pero siempre y cuando no provoque resentimiento.

El mártir en el matrimonio está a la espera de una recompensa, y cuando no la recibe, se amarga. Es muy fácil que uno de los cónyuges empiece a dar por sentado que el otro siempre hará sacrificios y, por lo tanto, que siga esperando la misma actitud del mártir y dando muy poco a cambio.

Rescátate de la trampa de ser el mártir

No esperes a que alguien más te rescate de esta trampa, eso es algo que tienes que hacer tú mismo. En primer lugar, detecta si estás bebiendo más, si estás usando drogas o comiendo demasiado. Otras señales de advertencia pueden ser sentir depresión, ira, ansiedad, falta de interés en el sexo, insomnio, dolores y falta de energía.

La cura del martirio implica hacerte responsable de tu propio bienestar. Aprende a equilibrar tu cuidado personal con la preocupación por tu pareja. Un buen matrimonio permite y promueve el crecimiento y la vitalidad de *ambas* partes. Los mártires le succionan la vida a su relación y a sí mismos.

Evita las tonterías del martirio, hazlo por el bien de tu matrimonio. Si te sientes abrumado, menciónalo en la sección *Problemas y desafíos,* cuando tú y tu pareja ya se sientan cómodos con las reuniones matrimoniales. Utiliza las herramientas de comunicación positiva, comparte tus sentimientos, explica qué es lo que te gustaría que cambiara en tu matrimonio y en tu vida.

Y si después de haber intentado todo lo que aquí se sugiere, todavía te sientes atrapado en alguna de estas trampas es porque quizás estás reproduciendo un guion o patrón que aprendiste en la niñez. Un terapeuta capaz podrá ayudarte a reconocer y superar los obstáculos para funcionar de una manera más saludable e inspirarte a crear una relación más feliz y satisfactoria. El grupo de apoyo adecuado también te puede ayudar a mantenerte en el buen camino respecto a la manera que respondes a las alegrías y los desafíos de la vida conyugal.

Sin embargo, para la mayoría de las parejas, el mejor apoyo de todos es la relación cariñosa y amorosa que crean y mantienen en conjunto a través de las reuniones semanales.

LOS *SÍ* Y LOS *NO* DE LA SECCIÓN DE PROBLEMAS Y DESAFÍOS

- *Sí* empieza por lo más elemental. En las primeras reuniones discute solamente problemas fáciles de resolver. Cuando ya te sientas confiado y cómodo con las reuniones, podrás pasar a temas más delicados.
- *Sí* trata de limitar el número de problemas que vas a tratar a no más de uno o dos en cada reunión.
- *Sí* utiliza oraciones con *Yo* o *A mí*, ya que evitan que el escucha se sienta criticado.
- *Sí* exprésate libremente, incluso si tienes miedo de la forma en que responderá tu pareja.

- *Sí* propicia una lluvia de ideas para buscar soluciones. Haz una lista y toma en cuenta muchas alternativas hasta que surja la que funciona para ambos.
- *Sí* recuerda usar las otras herramientas de comunicación que se explican en detalle en los capítulos 8 y 9: discurso interno, comunicación congruente, mensajes no verbales, audición activa, crítica constructiva y retroalimentación, y lluvia de ideas para buscar soluciones.

- *No* permitas que esas enormes dificultades que parecen insorteables te abrumen. El cambio exige tiempo, en particular en el caso de problemas más difíciles y delicados, y por lo general, se da pasito a pasito. Sé paciente con el proceso.
- *No* le eches la culpa al otro. Lo que tienen que hacer es atacar el problema, ¡no atacarse entre ustedes!

Parte III

Herramientas de comunicación para reuniones eficaces

CAPÍTULO 7

Oraciones con *Yo* o *A mí*

*Lo que hace infelices a los matrimonios no es la falta
de amor, sino de amistad.*

FRIEDRICH NIETZSCHE

Una oración con *Yo* o *A mí* es una contundente y sencilla herramienta de comunicación que sirve para expresar tus pensamientos, sentimientos, deseos y necesidades. Este tipo de oraciones suele fomentar la conexión, la alegría y la amistad. Cada vez que las usas mientras estás discutiendo un asunto delicado estás, al mismo tiempo, haciendo lo necesario para mantener la conversación en un tono respetuoso y evitar que se convierta en pelea.

¿QUÉ ES UNA ORACIÓN CON *YO* O *A MÍ*?

Una oración con *Yo* o *A mí* es un mensaje claro que puede expresar lo que piensas, cómo te sientes y por qué te sientes así. Puede ser una oración respecto a lo que quieres o necesitas y a lo que estás preparado para hacer si no lo consigues. Una oración con *Yo* o *A mí* casi siempre empieza con *Yo* de manera directa o tácita.

Estas oraciones son muy útiles en los matrimonios y en todas las demás relaciones porque te permiten:
- Hacerle saber a tu cónyuge lo que quieres.
- Evitar peleas y malos entendidos.
- Articular tus pensamientos y sentimientos con calma.
- Incrementar la cooperación (por parte de tu cónyuge, los niños y otros).

Si sigues los pasos para construir oraciones con *Yo* o *A mí* que se presentan a continuación, correrás menos riesgo de que tu irritación se interponga y te impida lograr que tu pareja te entienda, que es lo que finalmente quieres que suceda, ¿no?

CÓMO HACER UNA ORACIÓN CON *YO* O *A MÍ*

Esta fórmula es muy sencilla; es una paráfrasis de la que puedes encontrar en el sitio de internet *Parenting Wisely* para construir oraciones y expresar tu desagrado ante ciertos comportamientos:[1]
1. Manifiesta cómo te sientes respecto al comportamiento.
2. Nombra el comportamiento específico.
3. Sugiere (o di con franqueza) lo que quieres que suceda, o no, la próxima ocasión.
4. (Opcional) Haz una advertencia; especifica cuál será la consecuencia si el comportamiento se repite.

Cómo aplicar la fórmula de las oraciones con *Yo* cuando hables con tu cónyuge

Supón que uno de ustedes le dice al otro: «Me siento frustrado porque siempre tengo que pedirte tres o cuatro veces que saques la basura de la cocina. Quiero que lo hagas desde la primera vez que lo menciono porque no me gusta estarte fastidiando».

Ahora vamos a separar las oraciones en sus distintos componentes para que puedas incluir tus oraciones con *Yo* de acuerdo con la fórmula: «(Yo) me siento *frustrado* (1. Manifiesta lo que sientes) porque siempre tengo que pedirte tres o cuatro veces *que saques la basura de la cocina* (2. Nombra el comportamiento específico). *Me gustaría que notaras cuando el bote ya está lleno y que lo saques pronto o, por lo menos, que lo saques desde la primera vez que te lo pido porque no quiero estarte fastidiando* (3. Di lo que quieres que suceda, o no, la próxima ocasión).

En cuanto al número 4, digamos que tal vez te convendría advertirle a tu cónyuge cuál será la consecuencia en caso de que continúe olvidando vaciar el bote de basura. Puede ser algo como: «Si dejamos que el bote de basura se desborde, las mosquitas de la basura van a invadir la cocina». Luego puedes añadir una oración elogiosa como: «Me alegra saber que puedo contar contigo para realizar esta tarea».

Aunque también tienes la opción de usar una oración con *Yo* o *A mí* para predecir la consecuencia, te recomiendo que lo hagas teniendo en mente en todo momento cuál es tu objetivo principal: obtener la cooperación de tu pareja. Evita articular tu advertencia como amenaza, o sea, no digas cosas como: «Si sigues olvidando vaciar el bote de la basura, te voy a empezar a guardar resentimiento». Recuerda mantener un enfoque positivo.

Aunque no existe garantía de que tu cónyuge hará lo que quieres, tú de todas formas tienes que enfrentar el desafío de pedirlo de manera respetuosa. Si el asunto sigue causando problemas de todas formas, además de usar oraciones con *Yo*, también puedes recurrir a otras de las herramientas de comunicación positiva que se describen en los capítulos 8 y 9.

La oración con *Tú* es lo opuesto a la oración con *Yo*

La oración con *Yo* está libre de expectativas, juicios y culpa. Es una expresión clara de cómo se ve la situación desde tu perspectiva (habla de tus sentimientos, creencias, pensamientos, deseos y necesidades) y de cómo te gustaría que fueran las cosas.

En contraste, la oración con *Tú* siempre suena a enjuiciamiento o exigencia. Las oraciones con *Tú* ponen al receptor a la defensiva. Por ejemplo: «Tú siempre…, tú nunca…, (tú) no deberías…, (tú) estás equivocado(a)…».

Cómo empezar las oraciones con *Yo* o *A mí*

Aquí te presento varias formas específicas para iniciar una oración con *Yo* o *A mí*:

- (Yo) aprecio que…
- (A mí) me agrada que…
- (Yo) quiero que…
- (Yo) preferiría que no…
- (Yo) me siento… (feliz, lastimado, ansioso, resentido, agradecido, triste, incómodo, cariñoso, confundido, abrumado, o cualquier otra emoción) cuando tú… (verbo) porque… (señala el efecto que la acción o el acontecimiento tuvieron en ti).
- (A mí) me gustaría más que…

Y TÚ, ¿REACCIONAS O RESPONDES?

Piensa cómo se comunican tú y tu pareja cuando tratan temas delicados. ¿Qué pasa cuando tu pareja te pide o insiste en que hagas algo que tú no quieres? ¿Ignoras la tensión que sientes en el pecho o en cualquier otro lugar? ¿Cambias de tema? ¿Acusas a tu pareja de ser egoísta, irrazonable, desconsiderada o estúpida? ¿O sólo creas un muro de indiferencia? Si te comportas de cualquiera de estas formas, entonces estás *reaccionando* en lugar de respondiendo y eso puede sumarle mucha presión a tu relación.

    Reaccionar significa hacer o decir lo primero que te viene a la cabeza. Si de manera rutinaria la reacción que tienes ante tu pareja te lleva a hacer cualquier cosa que te pida u ordene sin protestar, incluso cuando no quieres, lo más probable es que termines guardando mucho resentimiento. Por otra parte, si tu reacción consiste en minimizar o marginar a tu pareja, entonces él o ella se sentirá intimidado, ofendido y ansioso.

    Si en lugar de reaccionar de forma impulsiva respondes con consideración, entonces puedes generar un clima receptivo y amigable en el que podrán florecer buenos sentimientos.

Ejemplo: Eva evita reaccionar y luego responde

Spencer, el esposo de Eva, dice que le gustaría que vieran juntos la película de terror para adultos que añadieron recientemente a la cartelera. Ella siente un nudo en la garganta y piensa: «Qué insensible es Spencer, sabe que después de ver sangre y vísceras en la pantalla ya no puedo dormir. Ya se lo he dicho». Eva juzga a su esposo de inmediato, lo califica de desalmado y despistado. Es normal que de vez en cuando se presenten este tipo de pensamientos, ¿pero qué puede hacer Eva con ellos? Bien, pues podría sentirse tentada a reaccionar y decir sin pensar algo como: «Eres muy egoísta, ya sabes que odio las películas violentas porque luego no me dejan dormir. Sólo piensas en ti», ¿pero qué ganaría con eso?

Entonces Eva decide utilizar otra estrategia. Sabe que criticar a Spencer podría aliviar su enojo en el momento, pero también disminuiría la confianza y provocaría un distanciamiento entre ellos, por lo que mejor acepta sus sentimientos y pensamientos inmediatos, respira hondo y cierra los ojos para centrarse. Piensa en cómo *responderle* con respeto a su esposo y a ella misma, y luego lo hace utilizando oraciones con *Yo* y *A mí*. Con mucha cautela, le dice a Spencer: «(Yo) me muero de miedo sólo de pensar en ver una película de horror. (A mí) me gustaría que sugirieras películas que ambos podamos disfrutar o que me preguntaras qué me gustaría ver». Eva también sugiere otra película o actividad que cree que les gustará a ambos.

TRATA DE LOGRAR AVANCES, NO DE ALCANZAR LA PERFECCIÓN

Si tomas en cuenta que eres una persona agradable pero no necesariamente un santo, o santa, entonces sabes que es posible que a veces reacciones y digas o hagas algo de lo que después te arrepentirás. Cuando esto suceda, reconoce tu error y arregla la situación lo antes posible. Sé generoso con tus oraciones con *Yo* y *A mí*. Deja que tu pareja sepa que estás arrepentido de tu comportamiento; díselo con sinceridad y de una forma que vaya con tu personalidad. «Lo lamento, me gustaría poder borrar lo que acabo de decir. Trataré de comportarme mejor la próxima vez».

Ten cuidado con las oraciones con *Tú* disfrazadas

«(Yo) siento que (tú) estás equivocado» y «(Yo) creo que (tú) deberías…» son oraciones con tú disfrazadas. En cambio, «(Yo) tengo una opinión diferente», «(A mí) me gustaría que tú…» y «(Yo) prefiero que…)» son oraciones con *Yo* y *A mí* legítimas.

Si te sientes tentado a hacer una oración con *Tú*, cámbiala por una con *Yo*.

Ejemplo de cómo cambiar una oración con *Tú* por una oración con *Yo* o *A mí*

La suegra de Amy suele criticarla cuando visita a Ned, su hijo. Él está presente cuando ella lo hace, pero nunca dice nada. Amy se siente muy mal por esto, pero no confronta a su suegra porque quiere agradarle. Pero, claro, cada vez que sucede, el estómago se le revuelve y le cuesta trabajo respirar.

Amy también está enojada con Ned porque no la apoya; ella siente que no lo hace porque tal vez en el fondo está de acuerdo con las cosas terribles y dolorosas que su suegra le dice porque «está gorda», porque «es mala ama de casa» y porque «se comporta como niñita mimada» y le da un mal ejemplo a su hija cada vez que insiste en imponerse.

Más tarde, cuando se queda a solas con Ned, Amy siente la urgencia de decir: «(Tú) nunca me defiendes cuando tu madre me critica. (Tú) eres un pelele. Cuando ella está aquí, (tú) actúas como niñito indefenso». Despotricar de esta forma sería catártico para Amy, le ayudaría a sentir alivio casi de inmediato.

¿Pero cómo respondería Ned a todas estas oraciones con *Tú*? Podría atacarla con el mismo tipo de arma y decir: «(Tú) eres demasiado sensible» o «Bueno, (tú) bien podrías bajar unos kilos», o quizá podría enojarse pero quedarse callado y empezar a guardarle resentimiento a Amy por decir de forma implícita que no es un buen esposo y por llamarlo pelele. Incluso podría pensar «Ya veremos» y luego idear la manera de desquitarse.

Como Amy está consciente de los riesgos, hace un giro mental de ciento ochenta grados y decide usar oraciones con *Yo* y *A mí*. Luego respira hondo y elige sus palabras. Se dirige a Ned: «(Yo) me siento lastimada y abandonada porque no me defiendes cuando tu madre me critica. Cada vez que se lance en mi contra, (yo) quiero que me apoyes».

Amy acaba de decir cómo se siente y lo que quiere que suceda, y aligeró el ambiente de paso. Tiene la esperanza de que la próxima vez que su suegra mencione su peso, Ned diga: «Mamá, yo adoro a Amy tal como es. Kilo por kilo». Pero independientemente de si Ned la defiende o no en el futuro, Amy ya le comunicó de manera positiva cómo se siente y lo que quiere. En el capítulo 11 se describe cómo resolvió el problema con su suegra.

CUANDO LAS ORACIONES CON *YO* O *A MÍ* RESULTAN CONTRAPRODUCENTES

En la mayoría de los casos puedes esperar una buena respuesta por parte de tu pareja cuando uses las oraciones con *Yo* o *A mí* porque con ellas te abres y te vuelves vulnerable, lo cual es un prerrequisito para la intimidad. Cuando sientes que te escuchan, que te entienden y te valoran por lo que eres, el vínculo se fortalece.

Sin embargo, hay algunas situaciones en las que las oraciones con *Yo* resultan contraproducentes porque hay gente a la que le incomodan. Tal vez cuando eran niños sus padres les dijeron que pedir de manera directa lo que se quiere era egoísta. Quizá los criticaron de pequeños por expresar su enojo, su dolor o su tristeza, y alguien les dijo que estaba «mal» comportarse de esa manera. Si ése fue el caso, entonces estas personas aprendieron que no era adecuado mostrar su vulnerabilidad, que es justo lo que hacen cuando expresan sus verdaderos sentimientos.

En lugar de mantenerse en contacto con su Yo más genuino y profundo, estas personas aprendieron a recurrir a formas enfermizas de lidiar con sus sentimientos, como marginarse, rebelarse o amedrentar y lastimar a otros. Un niño que hace esto puede fácilmente crecer y convertirse en un adulto al que, como no se comprende a sí mismo, le resultará difícil sentir empatía por su pareja.

Si la descripción anterior describe a tu cónyuge, es posible que cada vez que escuche oraciones con *Yo* o *A mí* se sienta acorralado y responda de manera insensible.

Para ilustrar lo que acabo de explicar, imagina que a Ned, el esposo de Amy, lo castigaban cuando era niño por expresar sus sentimientos y por pedir de manera directa lo que quería. En ese caso, sería probable que cuando Amy le dijera que se siente herida por su silencio y que quiere que la apoye, él le conteste: «No deberías sentirte así, eres demasiado sensible. Sólo deberías acostumbrarte a mi madre», o quizá: «Mi madre tiene razón, has engordado y no eres buena ama de casa. Eres un mal ejemplo para Ginny».

LA PRÁCTICA AYUDA A SUPERAR LOS OBSTÁCULOS AL CONSTRUIR LAS ORACIONES CON *YO* O *A MÍ*

En caso de que tú y tu pareja todavía no se puedan comunicar de manera efectiva con las oraciones con *Yo* o *A mí*, necesitarán practicar más. El uso continuo de estas estructuras, y tener una respuesta positiva al escucharlas, les ayudará a sentirse más cómodos cada vez. Si existen desafíos verdaderamente serios que te estén impidiendo sentir empatía contigo y con tu pareja, reconoce que uno no puede cambiar por sí mismo los patrones ya arraigados. Si quieres crear una relación más sana, busca terapia individual o de pareja para alcanzar tu meta.

LAS ORACIONES CON *YO* O *A MÍ*
SON TUS CIMIENTOS

Con la práctica podrás dominar el arte de construir oraciones con *Yo* o *A mí*. Sé paciente contigo y con tu pareja porque comunicarse de esta manera les va a tomar algún tiempo. En cuanto adquieran la habilidad de hacerlo, tendrán cimientos sólidos para emplear las herramientas de comunicación que se describen en los siguientes dos capítulos. Y lo mejor de todo es que ambas técnicas les serán muy útiles en sus reuniones matrimoniales y en otras ocasiones.

CAPÍTULO 8

Hablando contigo mismo:
el discurso interior

La gente no se enoja nada más porque sí, también hace
todo lo necesario para hacerse enojar a sí misma.
ALBERT ELLIS

¿Q uién es la persona más importante en un buen matrimonio? ¿Con quién te tienes que comunicar mejor para
que la relación funcione? Si crees que esa persona es tu
cónyuge, mejor piénsalo bien porque con quien más importa que te
comuniques de manera constructiva ¡eres tú mismo!

Así es, no vas a poder resolver todas las situaciones hablando
con tu pareja. «Hablar con uno mismo» se refiere a los mensajes que
nos enviamos nosotros solos, y por lo tanto, tú eres el encargado de
destruir los mensajes destructivos y reemplazarlos con mensajes de
aliento. A continuación, te presento el método de cinco pasos que
propone la psicóloga Pamela Butler, PhD, y autora de *Talking to*
Yourself: How Cognitive Behavior Therapy Can Change Your Life:

Paso 1. *Toma conciencia*. Escucha tu discurso interior.

Paso 2. *Evalúa*. Decide si el diálogo es de apoyo o destructivo.

Paso 3. *Identifica.* Determina si la fuente de la distorsión cognitiva o del error en el pensamiento que alimenta tu discurso interior es…

- el Manipulador: un yo interior que te ordena ser perfecto, apresurarte, ser fuerte, complacer a otros o esforzarte;
- el Obstaculizador: un yo interior que todo lo ve como una catástrofe, que se impone etiquetas, que se juzga a sí mismo de manera negativa y establece requisitos demasiado rígidos; o
- el Desorientador: un yo interno que hace inferencias arbitrarias, que no puede ver todo el panorama, que tiende a generalizar y que da pie a otras distorsiones cognitivas.

Paso 4. *Apóyate a ti mismo.* Reemplaza el discurso interior negativo con permisividad y afirmación personal. Por ejemplo, si tiendes a complacer a otros con demasiada frecuencia a costa de ti mismo, puedes sustituir este discurso interior negativo con permisividad diciendo: «A veces es importante que yo haga o diga lo que quiero, aunque eso no complazca a mi pareja en ese momento».

Paso 5. *Desarrolla tu guía interior.* Con base en tu nueva posición de apoyo a ti mismo, decide qué pasos necesitas tomar.

EL DISCURSO INTERIOR DE UNA ESPOSA HACE QUE APRECIE A SU ESPOSO

En este ejemplo, una esposa usa su discurso interior cuando se siente deprimida porque su esposo sigue en un trabajo en el que le pagan relativamente poco, y ella cree que podría ganar mucho más en otro lugar. La mujer se hace las cinco preguntas sugeridas por la doctora Butler:

1. *¿Qué me estoy diciendo a mí mismo?* «Me estoy diciendo que mi esposo no es suficientemente bueno, que es flojo. Con su

capacidad y experiencia debería tener un trabajo en donde le pagaran más, pero sigue en el mismo lugar».

2. *¿Mi discurso interior me está ayudando?* «No, sólo me está haciendo guardarle resentimiento a mi esposo».

3. *¿Quién está hablando:* el *Manipulador, el Obstaculizador o el Desorientador?* «Mi Desorientador me está impidiendo ver el panorama completo».

4. *¿Qué permiso me voy a dar y qué afirmación personal me voy a decir?* «Me doy permiso de ver todo el panorama: mi esposo eligió a propósito un trabajo con un bajo grado de estrés porque quiere estar tranquilo en las noches y los fines de semana. A mí me gusta su naturaleza relajada y, al principio, me sentí atraída hacia él precisamente por eso. Si estuviera casada con un individuo competitivo que siempre llegara a casa estresado del trabajo, no sería feliz».

5. *¿Qué acción voy a tomar con base en mi nueva posición de apoyo?* «Recordaré apreciar el hecho de que tengo un esposo que llega a casa de buen humor, que me habla, pasa tiempo con los niños y realiza tareas en el hogar. Si estoy preocupada por el dinero, voy a tratar de ahorrar o encontrar la manera de ganar más yo».

Este ejemplo muestra la eficacia de comunicarte contigo mismo. Para esta esposa fue más constructivo reconocer y transformar su discurso en un mensaje de apoyo que confrontar a su esposo respecto a lo que la había estado preocupando.

Al aplicar los cinco pasos del discurso interior, podemos sorprendernos haciendo conjeturas erróneas sobre nosotros mismos o sobre nuestros cónyuges. Si nos saltamos el proceso de cinco pasos, podemos ir de golpe de un pensamiento inútil al resentimiento, la autocompasión u otras actitudes destructivas basadas en interpretaciones erróneas del comportamiento de nuestra pareja.

EL DISCURSO INTERIOR DE UN ESPOSO
LE AYUDA A VENCER EL PÁNICO
QUE LE PROVOCA SU MATRIMONIO

En este caso el esposo está molesto porque en tiempos recientes su esposa no ha respondido a sus intentos de hablar con ella. Se ve molesta y responde a sus preguntas exclusivamente con monosílabos. El primer pensamiento de él es «Ya no me ama». Se siente desconsolado y teme que ella lo abandone, por eso consulta a un abogado respecto a sus derechos legales.

Al comprender que está siendo presa del pánico, el hombre decide usar su discurso interior. Primero reconoce que pensar que su esposa ya no lo ama *no resulta útil* porque sólo lo está haciendo sentirse inseguro respecto a su matrimonio. Entonces detecta que quien está hablando en realidad es su Obstaculizador y está llevándolo a ver la situación como una *catástrofe*, o sea, a dar por hecho lo peor. Luego se da permiso de recibir un mensaje más realista y útil: «Recuerdo que anoche me dijo que su trabajo se había vuelto muy estresante últimamente porque está cubriendo a un colega que está de vacaciones. Se la pasa en el teléfono todo el día y no se puede tomar ni un respiro. Ahora entiendo por qué, después de un día así, no le dan ganas de platicar. Todavía nos amamos». Luego elige un plan de acción: le va a dar a su esposa todo el espacio que necesita. También decide ofrecerle un masaje en la espalda, una taza de té o algo que a ella le agrade.

¿Ahora ves cómo la técnica del discurso interior puede impedir que te regodees en pensamientos destructivos que podrían llevarte con facilidad a sentirte lastimado? ¿A comportamientos tipo «Ahora sí vas a ver…» y a otras acciones que te alejan de tu pareja?

La importancia del discurso interior no se puede enfatizar demasiado; si usas esta herramienta en el momento correcto, puedes volverte más receptivo y empático contigo mismo y con tu cónyuge.

CAPÍTULO 9

Más herramientas de comunicación para las reuniones matrimoniales

*El mayor problema de la comunicación
es el espejismo de que ya tuvo lugar.*
GEORGE BERNARD SHAW

Todas las secciones de la reunión matrimonial, y en particular *Problemas y desafíos,* fluirán mejor si usas las siguientes herramientas de comunicación como complemento para las oraciones con *Yo* y *A mí:*

- Comunicación congruente
- Mensajes no verbales
- Audición activa
- Crítica constructiva y retroalimentación
- Lluvia de ideas para buscar soluciones

Después de que te acostumbres a comunicarte con estas herramientas en las reuniones matrimoniales, también podrás aplicarlas en conversaciones normales de todos los días con tu cónyuge y otras personas. Veamos cómo aplicar cada una.

COMUNICACIÓN CONGRUENTE

La comunicación congruente es el tipo más sano de herramienta aplicable para tener una relación cercana con tu pareja y con otras personas importantes en tu vida. Esta comunicación se presenta cuando el mensaje del orador es auténtico y respetuoso de manera recíproca. Fomenta un sentimiento de cercanía o vinculación. Por otra parte, la comunicación que no es congruente sólo genera distanciamiento.

A veces solemos caer en formas incongruentes de relacionarnos, en particular cuando nos sentimos estresados. Es importante que identifiques esta situación porque, si lo haces, puedes usar esa energía para restaurar la conexión por medio de mensajes coherentes. Virgina Satir, una de las fundadoras del movimiento de terapia familiar, señaló cinco maneras en que la gente se comunica cuando hay desacuerdos, y enfatizó el valor de la comunicación congruente. A continuación, se presenta una breve explicación de las cinco maneras de comunicación:[1]

1- Congruente

Cuando nuestra comunicación es congruente, nos expresamos con claridad y contundencia. En este tipo de comunicación expresamos respeto por nosotros mismos y por la otra persona. Si el tono y el lenguaje corporal del orador coinciden con las palabras habladas, entonces las oraciones con *Yo* o *A mí* son congruentes. Estas oraciones expresan los sentimientos, deseos, gustos y disgustos de quien habla. La gente que se comunica de manera congruente acepta que su pareja puede tener sentimientos y preferencias distintos a los suyos. Éstos son algunos ejemplos de oraciones congruentes: «(Yo) siento…», «(Yo) quiero…», «(A mí) me gustaría que…». El orador no es ni agresivo ni pasivo, únicamente asertivo.

2. De culpabilización

Este tipo de comunicación es un intento por dominar a la otra persona. En ella, las oraciones con *Tú* llegan a ser demasiado intensas. Por ejemplo: «(Tú) deberías (o no deberías)…», «(Tú) siempre (o nunca)…». En pocas palabras, quien habla dice «(Tú) estás equivocado». También podemos encontrar insultos porque mucha gente los usa para hacer sentir culpables a los demás.

3. De apaciguamiento

El apaciguamiento es un intento por no tener conflictos con alguien, por lo cual evitamos expresarnos con honestidad. Sucede cuando «le seguimos la corriente» a alguien para conseguir lo que deseamos. Pero cuando no le expresamos a nuestra pareja nuestros verdaderos sentimientos, creencias y necesidades, terminamos sintiéndonos frustrados y guardándole resentimiento. Decir: «Haremos lo que tú digas…», «De acuerdo, así se hará» y algunas otras expresiones de concordancia cuando, en realidad, *no estás convencido*, son formas de apaciguamiento.

4. De razonamiento

Alguien que está siendo «razonable» —en este contexto— se enfoca en la lógica e ignora los sentimientos. Este tipo de gente quiere que las cosas tengan sentido. Sin embargo, los sentimientos son hechos y no necesitan parecer lógicos. Es posible que hayas escuchado expresiones como «En gustos se rompen géneros». Éstos son algunos ejemplos de oraciones que se enfocan en el «razonamiento»: «No deberías sentirte así porque…», «Ya debiste haberlo superado», «¿Cómo te puede gustar *eso*?».

5. Irrelevante

La persona con comunicación irrelevante sólo desvía la conversación en lugar de responder con sensibilidad. Como le incomoda escuchar lo que dice su pareja, puede limitarse a hacer una broma o cambiar el tema de conversación.

Trata de utilizar la comunicación congruente para tener una relación amorosa y cálida. Si descubres que no te estás relacionando del todo de una manera positiva, sé amable contigo; es normal que eso suceda de vez en cuando. Trata de detectar cuando pase, y luego corrige el rumbo para que tú y tu pareja se puedan volver a vincular; por ejemplo, lo puedes hacer ofreciendo una disculpa sincera.

Después de que le expliqué el concepto de comunicación congruente a Zack, me dijo: «En mi familia no teníamos ese tipo de comunicación». Zack y Wendy, su pareja, lograron tener una reunión matrimonial completa en mi oficina en una ocasión, pero eso fue sólo después de muchos intentos. De hecho, Zack hizo llorar a Wendy varias veces porque la llamó «fodonga» y «floja».

Zack quería aprender a comunicar sus sentimientos de manera congruente y las sesiones de terapia le ayudaron, poco a poco, a reconocer y aceptar los sentimientos que se apoderaban de él. Con el tiempo empezó a practicar y a usar las herramientas de comunicación positiva y, en particular, las oraciones con *Yo* y *A mí*. En el capítulo 13 encontrarás más detalles sobre cómo mejoraron su relación Zack y Wendy.

Nuestros primeros maestros de comunicación son nuestros padres, y a ellos les enseñaron los suyos, y así indefinidamente. Tal vez tú desearías que tus padres te hubieran enseñado mejores formas de relacionarte, pero al menos tienes que agradecerles que hayan hecho su máximo esfuerzo con sólo el conocimiento que tenían en ese entonces.

Ahora depende de ti. Cambiar un comportamiento habitual exige tiempo, determinación, práctica y, a veces, ayuda profesional. ¡Pero puedes lograrlo!

MENSAJES NO VERBALES

Muchos creemos que las palabras que enunciamos determinan la mayor parte del mensaje que le enviamos a la gente; sin embargo, los estudios de Albert Mehrabian, PhD, y sus colegas confirman lo cierto del popular dicho: «No es lo que dices, sino cómo lo dices».[2]

Esto es lo que se descubrió gracias al estudio que emprendió Mehrabian respecto a qué cantidad del mensaje recibido por el escucha se basa en las palabras, la voz y el lenguaje del emisor cuando la gente comunica sus sentimientos y actitudes:

- Palabras habladas: siete por ciento.
- Tono de voz: 38 por ciento.
- Lenguaje corporal: 55 por ciento.

El tono de voz incluye volumen e inflexión. Algunos ejemplos de lenguaje corporal, son: contacto visual, o la falta del mismo; expresiones faciales; posición corporal (como estar volteado hacia la otra persona o dándole la espalda, con los brazos abiertos o cerrados, etcétera) y postura.

Por lo anterior, cuando tengas tu reunión matrimonial deberás estar al tanto de tu voz, tus expresiones faciales y tu lenguaje corporal, así como de cada palabra que articules. Recuerda sonreír cuando expreses aprecio, y mirar a tu pareja a los ojos cuando quieras establecer una conexión. Si quieres verte abierto y compasivo, utiliza un tono de voz amigable y suave; hazlo incluso si estás lidiando con un problema o desafío. Además, si se sientan uno al lado del otro, en lugar de frente a frente, fomentarán un ambiente de cooperación.

AUDICIÓN ACTIVA

Escuchar de forma activa implica más que sólo oír a tu pareja.[3] En realidad, exige concentración absoluta, darle tiempo a la otra persona y no proyectar al momento tus propios sentimientos e ideas. Escuchar lo que tu pareja quiere decir sin expresar tus pensamientos por un buen rato puede exigir mucho autocontrol. Aunque quizás esta técnica te parezca demasiado formal para aplicarse en una relación amorosa, te aseguro que si la utilizas de la manera que se indica, fomentará la cercanía emocional y una mayor aceptación y entendimiento del punto de vista del otro.

Cómo escuchar de manera activa

En primer lugar, asegúrate de que si van a tener una conversación sobre un tema que puede tornarse delicado, ambos estén tranquilos. Y de preferencia, también asegúrate de reducir al mínimo la probabilidad de que haya distracciones. Luego sigue estos seis pasos:

1. *Deja lo que estés haciendo.* Tómate el tiempo necesario para escuchar bien a tu pareja.

2. *Mira a tu pareja.* Hacer contacto visual le hace saber que estás listo para escuchar. El lenguaje corporal y la expresión facial también indican que hay un interés en escuchar. Asegúrate de que las señales no verbales que envíes reflejen tu disposición a escuchar. Enfócate en tu pareja. Trata de sacar cualquier otra cosa de tu mente.

3. *Escucha a tu cónyuge.* Escucha sin interrumpir, sin argumentar y sin dar consejos. Sólo escucha. Observa si estás teniendo una reacción emocional fuerte a las palabras del otro. Si es así, inhala y exhala lentamente varias veces para centrarte. Más tarde tendrás oportunidad de expresarte, pero por ahora, sólo debes escuchar.

4. *Reformula o repite lo que dice tu pareja.* Este paso nos ayuda a ser buenos escuchas. También nos permite entender los sentimientos de la otra persona y lo que quiere decir. Asimismo, reformular le permite a tu pareja reconocer y aclarar sus propios sentimientos. Comienza con algo como: «Me parece que estás diciendo…». Siempre verifica con tu pareja si tu interpretación de lo que acaba de decirte es precisa. Pregúntale: «¿Estoy entendiendo bien lo que me estás diciendo?». Si la interpretación parece incorrecta, la persona que esté hablando tendrá que aclarar lo que quiso decir y, después de ello, tendrá que repetirse el paso 4.

5. *Sé empático.* Trata de entender las emociones de tu cónyuge en la situación que te está describiendo. Trata de ponerte en

sus zapatos y deja los consejos para otra ocasión. Algunas personas creen que si son empáticas, tendrán que ceder o terminar estando de acuerdo con su pareja. Pero es importante reconocer que lo que más queremos todos es sentirnos *comprendidos*.

Cómo cambiar los papeles del escucha y del hablante

Después de hacer el ejercicio anterior y llegar al punto en que tu pareja sienta que la entendiste a la perfección, vas a tener que expresar tu punto de vista. Eso significa que tendrán que cambiar los papeles y tú tendrás que compartir tus pensamientos y sentimientos mientras tu pareja practica la audición activa.

CRÍTICA CONSTRUCTIVA
Y RETROALIMENTACIÓN

La crítica constructiva se produce en un contexto de apoyo y aprecio; nos ayuda a mejorar y crecer. Lo opuesto sería la crítica destructiva que, más bien, es una especie de oportunidad para buscar culpables y hacer señalamientos innecesarios, y por lo general, siempre termina en una respuesta defensiva.

Trata de identificar los rasgos positivos en cada situación. Todos queremos ser apreciados por lo que hacemos bien, así que ahora te diré cómo endulzar una píldora que, de otra manera, tendría un sabor demasiado amargo:

1. Antes de hacer tus comentarios, observaciones o sugerencias, pregúntale a tu pareja si está dispuesta a recibirlos. Si no muestra interés en esta oferta, deberás terminar la discusión en ese momento, pero si decide recibirlos, ve al paso 2.

2. Cuando des tu retroalimentación constructiva, utiliza la técnica «sándwich», junto con las oraciones con *Yo* o *A mí*; es decir, presenta tus comentarios en el siguiente orden.

   a) Primero di algo positivo, di por lo menos una cosa que aprecies de tu pareja. Por ejemplo: «(A mí) me gusta el fuerte abrazo que me das cuando llegas de trabajar».

   b) Ahora, explica tu preocupación por lo que tu pareja hizo o dejó de hacer; explica por qué te molestó o te hizo sentir incómodo. Siguiendo con el ejemplo, podrías decir algo como: «(A mí) no me agrada que leas la correspondencia antes de darme mi abrazo cuando llegas».

   c) Describe lo que te gustaría que sucediera en lugar de eso; puedes decir, por ejemplo: «(A mí) me gustaría que nos abrazáramos en cuanto llegaras a casa, antes de involucrarte en cualquier otra actividad».

   d) Por último, di algo agradable de tu pareja. Podría ser: «Los momentos en que te abrazo son los mejores de mi día».

3. Si tú eres quien está recibiendo la crítica, sigue las instrucciones de la audición activa.

LLUVIA DE IDEAS PARA BUSCAR SOLUCIONES

¿A veces sientes que tú y tu cónyuge sólo están atorados en una discusión? Esto suele suceder cuando ambos tienen una idea fija de cómo deberían hacerse las cosas respecto al dinero, la educación de los hijos, el sexo, las actividades recreativas o algún otro tema.

Por lo general, las lluvias de ideas sirven para que la situación fluya. Este proceso puede ayudar a resolver desacuerdos de mucho tiempo atrás y a encontrar soluciones que tomen en cuenta las perspectivas de ambos y que los beneficien a los dos.

Estoy segura de que ya has implementado la técnica de lluvia de ideas, aunque no sea de la manera que aquí se describe. Digamos que me enfrento a una situación difícil; es posible que, por instinto, use la primera idea que me venga a la cabeza, pero si quiero ser más minuciosa, voy a devanarme los sesos y a tratar de encontrar varias formas más de actuar. También podría pedirles a otras personas su opinión y reunir suficientes consejos hasta que aparezca el «correcto».

En una ocasión, un amigo hizo notar, irónicamente, que yo le pedía consejos a todo el mundo, pero al final siempre hacía lo que se me daba la gana. Desde su perspectiva, preguntarles a otros qué harían en mi lugar era una pérdida de tiempo, pero yo lo veo de otra manera. Para mí, esto es igual a hacer una lluvia de ideas. A veces la solución venía de mí misma, y en otras ocasiones, de las sugerencias de alguien más.

Las empresas utilizan un proceso de lluvia de ideas más estructurado para tomar buenas decisiones. Este método también funciona de maravilla para las parejas que quieren resolver sus diferencias de tal forma que ambos queden satisfechos porque eso beneficia a la relación.

Primero escucha de manera activa

Para generar un clima óptimo para la lluvia de ideas, tendrán que esforzarse y respetar las diferencias con un espíritu positivo. Asegúrate de que ambos entiendan la posición del otro respecto al tema que les está costando trabajo tratar. A veces es difícil lograr esto porque, cuando uno se casa con una idea, no ve la perspectiva del otro. Pero si utilizas la técnica de audición activa que describí anteriormente, podrás asimilar la forma de pensar de tu pareja.

Es por eso que, antes de que comience la lluvia de ideas, tendrán que escuchar lo que el otro tiene que decir. Identifica cuál es el desacuerdo y reconócelo. Evita el típico error de culpar al otro o decirle que está equivocado o equivocada.

Ejemplo: Cómo definir el problema tomando en cuenta las opiniones de ambos y reconociendo que todas son válidas

Diane y Tyler no estaban de acuerdo en involucrar a sus hijos en el planeamiento de las siguientes vacaciones. Tyler insistía en que los padres tenían que decidir solos a dónde iría la familia. Diane sostenía que lo correcto sería involucrar a los niños.

Al principio, Tyler describió el problema diciendo que su esposa era demasiado indulgente, y Diane lo describió diciendo que su esposo era demasiado estricto. En pocas palabras, ambos estaban diciendo que el otro estaba equivocado. Tyler y Diane sentían que su pareja los estaba culpando y juzgando de manera negativa. Al estar en esta situación, ¿cómo esperar que dieran inicio a una lluvia de ideas eficaz? Lo más probable es que ambos se cerraran y llegaran a un callejón sin salida.

Pero supongamos que Tyler y Diane recuerdan que la audición activa le puede ayudar a la gente a superar los estancamientos. Tyler le dice a Diane que en su familia sus padres siempre tomaban las decisiones sobre las vacaciones sin preguntarles a los hijos qué querían hacer. Cuando era niño, nunca se le habría ocurrido participar en la toma de decisiones, y por eso tiene miedo de «echar a perder» a sus hijos si les empiezan a preguntar lo que piensan; cree que podrían convertirlos en monstruos egoístas.

Diane le dice que, por lo que está escuchando, él creció sin poder participar en las decisiones y que por eso cree que darles a sus hijos la oportunidad de expresar lo que quieren para las vacaciones los va a «echar a perder». Luego le pregunta a Tyler si entendió bien, y Tyler lo confirma.

Ahora es Tyler quien tiene que escuchar. Diane dice que en su familia a ella y a su hermano siempre les pedían su opinión, y que sus padres los tomaban en cuenta cuando planeaban las vacaciones familiares. A ella le encantaba que a sus padres les importara su opinión, y eso la hacía sentirse más cerca de ellos.

Tyler le dice a Diane con lujo de detalles lo que acaba de escuchar y entender.

En cuanto ambas partes sienten que fueron escuchadas y entendidas, entonces ya pueden describir el problema de una manera más objetiva. En este caso fue así: «¿Cómo podemos planear las vacaciones tomando en cuenta que uno quiere que sólo la pareja tome las decisiones y el otro quiere involucrar a los niños?».

Después de considerar varias de las opciones que surgieron en la lluvia de ideas, Tyler y Diane resuelven el problema de la siguiente manera: «Les vamos a preguntar a los niños qué prefieren hacer en las vacaciones, pero les dejaremos claro que al final seremos nosotros, sus padres, quienes tomaremos la decisión».

Cómo hacer una lluvia de ideas para buscar soluciones dentro del marco de la reunión matrimonial

A continuación te presento el proceso de lluvia de ideas, paso por paso:

1. Define y escribe el problema de tal forma que se respete la validez de las opiniones de ambos.
2. Pide consejos e ideas frescas, *sin hacer juicios*.
3. Escribe todas las ideas en una hoja de papel, un pizarrón o en otro lugar visible.
4. Ahora la pareja revisa toda la lista, pero ambos se mantienen receptivos a nuevas ideas.
5. Juntos, los cónyuges deciden si vale la pena tomar en cuenta la primera sugerencia.

6. Si alguno de los dos se niega, entonces la idea se elimina cruzándola con una línea.
7. Repitan el proceso con todas las sugerencias de la lista.
8. Después de terminar los pasos del 5 al 7, la pareja evalúa las ventajas y las desventajas de cada una de las ideas de la lista.
9. La pareja califica las soluciones que quedan.
10. La pareja encierra en un círculo la idea o ideas que decidan implementar.

EJEMPLO DE UNA PAREJA HACIENDO USO DE LA LLUVIA DE IDEAS PARA BUSCAR SOLUCIONES

Carlos estaba enojado con su esposa porque tenía la cochera tan llena de «basura» que no podía meter su propio automóvil. María atesoraba sus libros de recortes, álbumes de fotografías, cacerolas, cajas de artículos de entretenimiento y muchos otros objetos más. Como Carlos vio lo mucho que María se enojó cuando se quejó con ella, siguió soportando la situación, pero no estaba nada feliz.

En un taller de reuniones matrimoniales, Carlos y María se presentaron como voluntarios para que yo los guiara a través del proceso de lluvia de ideas mientras otras parejas observaban.

En primer lugar, les pedí que usaran la herramienta de audición activa y que se dijeran lo que sentían respecto al problema de la cochera, y cómo les gustaría que fueran las cosas.

Casi al borde del llanto, María dijo:

—Me siento nerviosa cuando dices que quieres que me deshaga de mis cosas. Mis libros de recortes y los álbumes de fotografías son mis tesoros. Además, necesito la máquina de coser, el material de arte, mi bicicleta, la ropa para cuando baje de peso y la otra vajilla. Nuestros hijos van a estar muy contentos de pasarles sus juguetes y su ropa a sus propios hijos. Por eso quiero guardar casi todo.

Conmovido por la emoción de María, Carlos contestó:

—Lo que me estás diciendo es que todo eso que tienes en la cochera es de verdad importante para ti y que tal vez beneficie a nuestros nietos.

Después de que María y Carlos conversaron de manera respetuosa y durante el tiempo suficiente para que ambos se sintieran comprendidos, estuvieron listos para empezar el proceso de lluvia de ideas, el cual desarrollaron de la siguiente manera:

1. En primer lugar, sugerí que definieran el problema de tal forma que se reconocieran como válidos los dos puntos de vista. Ambos estuvieron de acuerdo en enunciarlo así: «¿Cómo podemos vivir juntos en armonía si a uno le gusta llenar la cochera con sus pertenencias y el otro quiere que haya suficiente espacio para guardar su automóvil?».

2. Luego hicimos una lista de sugerencias. Los animé a que pensaran con frescura, y le pedí a la pareja y a los demás asistentes que contribuyeran con ideas. Si alguno decía «No» o «Eso no va a funcionar», les recordaba que debían aceptar todas las sugerencias al principio y mantener la mente abierta sin importar cuán desagradables o alocadas les parecieran las opciones.

    Ésta es la lista de ideas:
    - Rentar un espacio para almacenar las cosas.
    - Dividir la cochera a la mitad.
    - Mandar al ático todo lo que quepa ahí, tirar el resto.
    - Mudarse a una casa con una cochera mucho más grande.
    - Hacer una venta de garaje.
    - Reducir juntos el número de objetos guardados.
    - No hacer nada.
    - Esperar a que lleguen las ratas y se hagan cargo.

- Organizar los artículos. Conseguir cajas e instalar un sistema de almacenamiento con repisas.
- Contratar a un organizador profesional.

3. Escribí todas las sugerencias e ideas en el pizarrón conforme la gente las fue diciendo.

4. Les dije a Carlos y María que tenían que mantener la mente abierta mientras revisaran la lista.

5. Luego les pedí que analizaran la primera opción (rentar un espacio para almacenar cosas) y que decidieran si era una solución viable.

6. Les expliqué que si alguno de los dos vetaba la idea, la íbamos a tachar. Como ninguno quería pagar una bodega, taché esa opción.

7. Repetimos el proceso a lo largo de toda la lista y fuimos tachando las opciones si alguno de ellos o ambos las rechazaban.

8. Después Carlos y María evaluaron las sugerencias que quedaron sin tachar en la lista y tomaron en cuenta sus ventajas y desventajas.

9. Luego, a partir de estas sugerencias, eligieron aquellas que realmente podrían seguir. Por último, eligieron las dos opciones que sintieron que ambos podrían implementar.

Al final, después de que tachamos las sugerencias que rechazaron uno o ambos, la lista quedó así:

- ~~Rentar un espacio para almacenar las cosas.~~
- ~~Dividir la cochera a la mitad.~~
- ~~Mandar al ático todo lo que quepa ahí, tirar el resto.~~
- ~~Mudarse a una casa con una cochera mucho más grande.~~
- ~~Hacer una venta de garaje.~~

- ~~Construir en el jardín una cabañita que sirva de bodega.~~
- Reducir juntos el número de objetos guardados.
- ~~No hacer nada.~~
- ~~Esperar a que llegaran las ratas y se hicieran cargo.~~
- Organizar los artículos. Conseguir cajas e instalar un sistema de almacenamiento con repisas.
- Llevar a casa un organizador profesional.

A ambos les gustó la idea de «Reducir juntos el número de objetos guardados», la cual implicaba que revisaran todo lo que hubiera en la cochera y vieran qué de todo eso estaban dispuestos a eliminar. También les agradó la opción de conseguir cajas y repisas para organizar lo que se quedaría ahí. Asimismo, estuvieron de acuerdo en traer a un organizador profesional, pero sólo si no eran capaces de limpiar la cochera por sí mismos. Luego pusieron sus opciones en orden de preferencia:

A. Reducir juntos el número de objetos guardados.
B. Conseguir cajas e instalar un sistema de almacenamiento con repisas.
C. Contratar a un organizador profesional, pero sólo si es necesario.

La herramienta de lluvia de ideas para buscar soluciones se puede aplicar para preocupaciones que se mencionaron anteriormente

En general, la lluvia de ideas se puede usar con éxito en la parte de *Problemas y desafíos* de la reunión matrimonial. De hecho, puede resultar muy útil para lidiar con los temas y preocupaciones demasiado complejos y cargados de emoción que se mencionaron anteriormente en la reunión, pero que al final tuvieron que ser enviados a la sección de *Problemas y desafíos*.

Supongamos, por ejemplo, que en la parte de *Tareas* surge un problema muy delicado. Uno de los integrantes de la pareja puede decir que las tareas del hogar no están siendo divididas de una manera justa. Tal vez, en la parte de *Planeamiento del tiempo de diversión* surgen diferencias en cuanto a dónde ir de vacaciones. O incluso, uno de los dos cónyuges podría estar enojado con el otro y negarse a halagarlo en la sección de *Aprecio*.

En todos estos casos, basta con pasar el tema con carga emocional a la sección de *Problemas y desafíos* y usar la herramienta de audición activa. En muchos casos, esto podría ser suficiente para arreglar el problema, pero de no ser así, se puede llegar a una solución por medio de la lluvia de ideas y, de paso, divertirse un poco.

Parte IV

Transformación de las relaciones a través de las reuniones matrimoniales

CAPÍTULO 10

Los opuestos se atraen…
¿y luego qué?

KEN Y LAUREN

A menudo, las cualidades que nos atrajeron originalmente de nuestra pareja tienen un lado negativo que, tarde o temprano, llega a irritarnos. Un esposo se siente valorado al principio porque su esposa le pide que le ayude a tomar decisiones relacionadas con asuntos menores, pero después de algún tiempo empieza a tenerle resentimiento por ser tan insegura y necesitar tanto de él. Una mujer está fascinada por la forma en que su novio coquetea con ella al principio, pero cuando se casan, empieza a tener ataques de celos porque lo ve conversando en un tono coqueto con otras mujeres.

La historia que se presenta en este capítulo muestra la forma en que una pareja usó las herramientas y técnicas de las reuniones matrimoniales para lidiar con los conflictos que reflejaban cuán distintos eran sus temperamentos, y la forma en que a pesar de que éstos fueron complementarios en un principio, luego se transformaron en una fuente de irritación para ambos.

Antes de casarse con él, Lauren adoraba el carácter relajado y el sarcástico sentido del humor de Ken. Ken, por su parte, adoraba el entusiasmo de Lauren; sin importar si hacía planes para divertirse con su esposo o si sólo le contaba sobre el desarrollo de un nuevo proyecto en el trabajo, ella era la chispa que lo iluminaba. Ambos se sentían bien juntos y siempre estaban hablando y riendo.

Lauren era abogada corporativa y se manejaba con mucha rigidez, pero Ken era el antídoto perfecto para el grado de estrés que ella llegaba a acumular. Asimismo, ella siempre imaginó que su esposo era una presencia tranquilizante en la universidad en donde daba clases de filosofía.

El primer indicio de que había problemas llegó cuando Lauren y Ken empezaron a planear su boda. En realidad, Lauren sentía que *ella* era la única que estaba organizando el evento. A veces le daban ganas de gritar. Cuando se reunieron con el encargado del banquete para decidir el menú para la recepción, Lauren estaba llena de preguntas: «¿Deberíamos servir un bufé o una comida completa directamente en las mesas?», «¿Los bocadillos deberán incluir carne y pescado?», «¿Qué vamos a hacer para los vegetarianos?». Y Ken tenía cara de querer estar en cualquier otro sitio menos ahí. Cuando Lauren le preguntaba lo que pensaba sobre un detalle u otro, él sólo encogía los hombros, bostezaba o se quedaba mirando a la nada.

En ese momento se tenían que tomar varias decisiones. «¿Qué tipo de relación es ésta?», pensó Lauren. «Yo tengo que pensar y decidir todo».

CONFLICTOS CON LAS TAREAS
DEL HOGAR

Lauren valora la previsibilidad y la atención a los detalles, y espera llegar a acuerdos que serán respetados. Mientras fue novia de Ken siempre lo vio como desenfadado, pero en cuanto se casó con él empezó a verlo como un hombre francamente despreocupado.

Un día Ken dijo que iba a cambiar un foco cuando terminaran de cenar. A la noche siguiente, Lauren se enroscó en un sillón junto a la lámpara, ansiosa por leer una novela, pero cuando encendió la lámpara, nada, no había luz. «No puedo confiar en que Ken cumplirá su palabra en un asunto tan sencillo como éste. Es flojo y egoísta», pensó.

Al principio, Lauren fue comprensiva porque sabía que cualquiera podía cometer un error, pero Ken se olvidaba de hacer cosas con demasiada frecuencia. Si le pedía que comprara cuatro aguacates maduros camino a casa para que ella pudiera preparar guacamole para los invitados de esa noche, él podía llegar nada más con dos tan duros como rocas o, sencillamente, olvidarse por completo de comprarlos. Ken no hacía listas de pendientes, no llevaba agenda ni tenía ningún otro sistema para organizar su tiempo y sus actividades.

Después de la cuarta o quinta vez que Lauren le dijo: «Lo que pasa es que eres pasivo-agresivo», él estalló y dijo: «Oye, ¿qué te pasa?, estás siendo injusta», y luego sólo aventó su libro sobre la mesa y salió de la habitación hecho una furia.

Como Lauren sintió que su marido no estaba al tanto de sus necesidades, perdió interés en el sexo, y entonces Ken se sintió frustrado; sin embargo, no era el tipo de individuo que se quejaba. Ken y Laura empezaron a alejarse cada vez más. ¿Habrían llegado a un callejón sin salida?

No, no era un callejón sin salida, era una *encrucijada*, porque dependiendo de cómo abordaran sus conflictos la relación de Ken y Lauren podría mejorar o deteriorarse. Ambos deseaban recuperar la cariñosa relación que tuvieron cuando fueron novios y en su luna de miel, y luego se enteraron de la existencia de las reuniones matrimoniales y decidieron probarlas.

LAS REUNIONES MATRIMONIALES
HACEN LA DIFERENCIA

Antes de que comenzaran a sostener reuniones cada semana, Ken sentía que nunca podía complacer a Lauren. Ella lo criticaba por su comportamiento, y a él le parecía que sólo eran errores comunes, como olvidar algunas cosas. Lauren lo fastidiaba por trivialidades como cambiar un foco o juntar los papeles necesarios para la declaración de impuestos. Le decía:

—¿Cuál es la prisa? Te dije que me haría cargo. —«¿Por qué no puede confiar en mí?», se preguntaba.

Ken y Lauren dicen que sus reuniones matrimoniales los han ayudado a restaurar la confianza y la intimidad.

—Soy el tipo de persona que necesita cerrar ciclos —explica Lauren—. Si muchos asuntos se quedan pendientes, siento el desorden en mi cabeza. Como sé que Ken soporta los asuntos sin resolver mejor que yo, estoy dispuesta a ser quien empiece las reuniones. Si me dice que quiere comenzar diez minutos después de la hora acordada, también lo aceptaré.

Lauren y Ken llevan a cabo la primera parte de la reunión matrimonial: Aprecio

Ken, que es el integrante de la pareja al que le cuesta más trabajo hablar, expresa su aprecio primero y le dice a Lauren algo como:

—Me gustó que me sonrieras desde el otro lado del salón cuando estábamos en la fiesta el domingo. Sentí que me atesorabas. Aprecio que hayas preparado esos deliciosos burritos para cenar anoche. Aprecio tu consideración al llamarme el lunes para decirme que llegarías tarde. Aprecio que hayas comprado el vestido azul nuevo el martes, te ves increíblemente sexy con él. Me encanta que sea de un color que va bien con el de tus ojos.

Al escuchar el último halago de Ken, Lauren suspira aliviada y sonríe. Se había sentido culpable de haber gastado tanto en ese vestido, pero ahora piensa: «¡Le dio gusto que lo comprara!». Luego Ken le pregunta si olvidó algo, pero ella responde que no y le agradece su aprecio.

Éstos son algunos de los cumplidos que Lauren le hizo a Ken:

—Aprecio que ayer hayas escuchado con paciencia mis quejas sobre la presión que tengo en el trabajo. Aprecio tu amabilidad al darme ese fantástico masaje en los pies el miércoles que llegué a casa tan cansada. Aprecio que te hayas detenido en la tienda camino a casa para comprar la lechuga que te había encargado. Aprecio que me hayas animado a ver una obra de teatro contigo el sábado por la noche. Me gustó mucho. Me gusta lo guapo que te ves con ese nuevo corte de cabello; destaca esos rasgos tuyos que parecen cincelados.

Cuando Ken escucha el último halago de Lauren, se sienta más erguido, y ella piensa que ahora se ve incluso más atractivo. Ambos se sienten relajados y valorados.

Al principio, les causó un poco de incomodidad hablarse de esta forma, pero todo se facilitó con la práctica y, además, la comunicación tuvo un efecto dominó en su vida cotidiana. Conforme Lauren se fue acostumbrando a hacerle cumplidos a Ben en sus reuniones matrimoniales, también tomó más conciencia en otros momentos de sus rasgos y comportamientos positivos. Ahora si ve algo en él que le gusta, se lo dice con frecuencia; cuando se viste bien, halaga su apariencia. Le agradece los favores que le hace y se asegura de demostrarle aprecio cada vez que pasa al supermercado para comprar algo que ella le pidió.

Ken empezó a traerle flores a Lauren, y aunque no sean sus preferidas, de todas formas ella se lo agradece con dulzura. Al principio sentía como si estuviera actuando, pero con el tiempo sus acciones se volvieron algo natural. Esto se debe a que en el taller de reuniones matrimoniales Lauren aprendió a apreciar el *esfuerzo* de su pareja por complacerla, incluso si el resultado distaba de ser perfecto.

Desafío para el trabajo en equipo

Ken no dejó de ser olvidadizo de la noche a la mañana. En la sección de *Tareas del hogar* de una de sus primeras reuniones, dijo que le llamaría por teléfono al contador en la semana para programar una cita con él y preparar los papeles para la declaración. Pero en la siguiente reunión, cuando Lauren le preguntó qué había pasado con eso, él confesó que había olvidado hacer la llamada. Una semana después, lo había vuelto a olvidar.

Lauren siempre tenía su agenda a la mano durante sus reuniones. Le sugirió a Ken que consiguiera una para él y que anotara en qué fecha llevaría a cabo las tareas de la lista de pendientes. Ken se resistía a hacerlo y siempre decía:

—Te aseguro que esta vez sí me voy a acordar, no te preocupes.

«¿Cómo es posible que un hombre inteligente de 37 años no tenga una agenda?», pensaba Lauren, pero nunca dijo nada porque sabía que criticarlo habría descarrilado la reunión.

Lauren y Ken habían tratado de posponer los temas más polémicos para cuando ya hubieran establecido una serie de reuniones exitosas. Pero ahora, en su sexta reunión, siguieron las instrucciones de discutir los problemas más delicados.

Se deben respetar las personalidades e intereses de ambas personas cuando se planeen las citas

En la tercera parte de la reunión matrimonial, *Planeamiento del tiempo de diversión,* Lauren y Ken suelen planear sus citas semanales. A Lauren le gusta hacerlo con anticipación y disfrutar de la espera, pero a Ken le gusta más improvisar y decidir en el momento. No obstante, ambos han aprendido a acoplarse. A veces hacen un plan específico para una cita, como ir a ver una obra el sábado por la noche, y en otras ocasiones sólo apartan la fecha y dejan abierta la decisión de lo que harán esa noche. También mencionan actividades placenteras que desean hacer por separado, como salir a jugar golf en el caso de Ken, o ir a una clase de ejercicio en la alberca en el caso de Lauren.

Lauren utiliza la técnica «sándwich» para mejorar el trabajo en equipo

El estilo olvidadizo y despistado, típico de un profesor como Ken, molestaba a Lauren a un punto inenarrable. Sin embargo, ella ya sabía que decirle que era flojo, olvidadizo o pasivo-agresivo sólo dañaría su relación. En algún momento llegó a preguntarse: «¿Cómo puedo ayudarlo a cumplir sus promesas y respetar los acuerdos?».

Ken ya le había dicho a Lauren en la parte de *Tareas* de la reunión que nunca había usado una agenda y que no sentía la necesidad de tener una. Cuando retomaron el asunto en la parte de *Problemas y desafíos,* Lauren usó la técnica «sándwich». Empezó haciendo un halago: «Ken, ya sabes que adoro tu personalidad desenfadada. Casi siempre me siento muy cómoda contigo». Luego le dijo lo que no quería: «No quiero sentir que te tengo que pedir que hagas algo que no quieres». Después expresó lo que quería que pasara y cómo se sentía cuando eso no sucedía: «Pero quiero poder confiar en ti. Cuando no haces lo que dices que harás, como ir con el contador, me siento frustrada».

Ken le contestó: «Estás siendo injusta. Cualquiera puede cometer un error».

Lauren estuvo de acuerdo en que todos cometemos errores y luego añadió con delicadeza: «Realmente me gustaría que usaras una agenda o cualquier otro sistema de organización para que lleves un registro de las cosas a las que te comprometes». Lauren terminó la técnica «sándwich» con un halago y expresando su optimismo: «Yo sé que eres responsable de casi todo lo más importante. Me agrada que siempre pagues los recibos a tiempo, por ejemplo. Pero creo que los dos seremos más felices cuando tengas un sistema de organización para que puedas lidiar con mayor facilidad con las tareas más triviales. Si yo no tuviera mi agenda, estaría perdida».

Ken parecía receptivo, pero no se veía del todo convencido. Lauren se ofreció a comprarle cualquier sistema que estuviera dispuesto a usar. Él le explicó que prefería comprarlo él, y lo hizo. Lo llevó a la siguiente reunión matrimonial. Lauren sonrió, le dijo que eso significaba mucho para ella y se lo agradeció.

El ejemplo de Ken y Lauren ilustra la forma en que, utilizando la estructura de la reunión matrimonial y algunas herramientas de comunicación, lograron terminar con un problema de mucho tiempo atrás. Primero establecieron una serie de reuniones exitosas en las que evitaron hablar de los temas con mayor carga emocional. Cuando estuvieron listos para algo más serio, prepararon el escenario con un manejo adecuado de las tres primeras partes de la reunión. Luego pospusieron la discusión del mayor problema y lo pasaron al segmento de *Problemas y desafíos,* y de esa forma evitaron que la controversia latente hiciera erupción.

Lauren nunca dejó de ser positiva y cortés en su forma de comunicarse. Usó oraciones con *Yo* o *A mí,* así como la técnica «sándwich». Primero halagó a Ken, luego expresó su frustración. Cuando Ken le dijo que estaba siendo injusta, ella evitó desviarse y se enfocó en su objetivo, que era mejorar el trabajo en equipo. Hizo una oración con *Yo* para decirle a Ken exactamente lo que quería de él, y terminó haciéndole un cumplido y expresando su confianza en que resolverían el problema juntos.

Pero ahora retrocedamos un poco y preguntémonos qué habría sucedido si Ken hubiera seguido negándose a cooperar. Como Lauren habría entendido que cambiar toma tiempo, habría vuelto a mencionar su preocupación en las siguientes reuniones usando las herramientas de comunicación positiva. Tarde o temprano ambos habrían organizado una lluvia de ideas en busca de soluciones, y habrían elegido una opción que les conviniera a ambos. Por ejemplo, quizá Ken habría estado dispuesto a probar un sistema de organización por un mes, o tal vez habría aceptado usar un sistema de manera permanente si Lauren hubiera estado de acuerdo en trabajar en ella misma y modificar su hábito de llegar tarde.

Ahora bien, ¿y si Ken hubiera olvidado comprar el sistema de organización que se comprometió a conseguir? Lauren estaba preparada para ser paciente y negociar en su siguiente reunión matrimonial, en la que le habría preguntado: «Si no lo consigues para la próxima semana, ¿estarías de acuerdo en decirme qué tipo de sistema quieres y permitir que yo lo compre?».

Las reuniones matrimoniales fomentan el crecimiento en ambos integrantes de la pareja

En la siguiente reunión matrimonial, Ken apareció con una agenda e hizo anotaciones en ella. En cuanto empezó a usarla con regularidad en las reuniones, su confiabilidad aumentó y Lauren comenzó a creer más en él.

UNA ACTITUD FLEXIBLE
SIEMPRE AYUDA

Tanto Ken como Lauren abandonaron su zona de confort por el bien de su relación. Lauren, por ejemplo, fue flexible en cuanto a la hora y el lugar para reunirse. Ken siguió al pie de la letra la estructura de las reuniones y luego se apegó al uso de una agenda.

Gracias a que la reunión de cada semana reafirma el valor de su relación, la pareja ha podido mantener en perspectiva las pequeñas contrariedades, y ambos han estado dispuestos a hacer cambios en sus respectivos comportamientos típicos.

Antes, Ken solía comprometerse a hacer tareas que no le agradaban y luego «se le olvidaba» llevarlas a cabo, pero ahora, en lugar de decir que sí cuando preferiría negarse, responde: «Preferiría no hacer eso» o «No voy a poder realizar esa tarea, sino hasta dentro de algunas semanas». Y Lauren está contenta porque le gusta saber la verdad respecto a lo que va a pasar. A Ken todavía le cuesta trabajo mostrar su desacuerdo, pero Lauren ha aprendido a lidiar con esto cuando sucede. Si le pregunta si está dispuesto a hacer una tarea en casa o ir a algún lugar con ella, y él responde que sí pero no muy convencido, entonces Lauren le pregunta: «¿*De verdad* estás dispuesto a hacerlo?». A veces incluso le tiene que preguntar: «En una escala del uno al diez, ¿qué tantas ganas tienes de hacerlo?».

Lauren también está aprendiendo a distinguir entre las contrariedades por las que vale la pena entrar en una discusión y las que no. Ya sabe que su perfeccionismo la hace proclive a enfocarse demasiado en nimiedades, como cuando solía quejarse porque Ken no quería comprarle flores. Ahora se dice a sí misma que Ken es cariñoso y generoso en otros aspectos que son más importantes y que, aunque sería agradable, no es crucial que le obsequie flores. Además, la confianza es más importante para ella. Por eso necesita ver a su marido como alguien capaz de cumplir sus acuerdos, y él está demostrando que puede. Cuando se le olvida arreglar un asunto menor, Lauren se dice que debe ser flexible y que ella tampoco es perfecta.

Ken solía enojarse con Lauren cuando ella lo llamaba pasivo-agresivo, lo cual sucedía cada vez que a él se le olvidaba realizar una tarea. Ella ya aprendió que llamarlo así sólo empeora las cosas, por eso ahora se enfoca en comunicarse de manera positiva. Cada vez le cuesta menos trabajo ver todo el panorama y reconocer que, aunque ninguno de los dos es perfecto, ella tiene la fortuna de contar con un esposo amable y cariñoso con quien se puede relajar y reír, alguien que está ahí para lo que verdaderamente importa.

Antes de tener sus reuniones, Lauren suele anotar las cosas que Ken hace y que le agradan, y luego usa esa lista en la parte de *Aprecio*. Cuando Ken escucha que Lauren lo aprecia por varias cosas —como recordar hacer una llamada importante, haber propuesto una excelente idea para sus citas y el agradable tiempo que pasaron en la cama el sábado por la noche—, se siente más inclinado a volver a complacerla de esa forma en el futuro.

Ken y Lauren tuvieron éxito, pero no lo lograron eliminando un conflicto «irresoluble» nacido de sus distintas personalidades, sino *manejándolo*, aprendiendo a aceptar y adaptarse al otro. Ken sigue siendo una persona relajada y despreocupada, propenso a ignorar los detalles en los que se enfoca Lauren.

Sus reuniones matrimoniales los han ayudado a celebrar sus diferencias y a volver a vincularse cada semana. Ahora sienten que se escuchan, apoyan y cuidan entre sí, y están construyendo el matrimonio que siempre quisieron. Lo mejor de todo es que volvieron a ser mejores amigos y amantes.

CAPÍTULO II

Resolución de un problema
con la suegra

NED Y AMY

Los consejeros matrimoniales suelen decir que cuando un suegro maltrata a uno de los cónyuges, la persona que está relacionada con el «abusador» es quien tiene que decirle, amablemente pero con firmeza, que deje de molestar. ¿Pero qué pasa si, por una u otra razón, la pareja no se hace cargo y permite que la situación continúe? La historia que se presenta en seguida muestra cómo una pareja usó las reuniones para resolver este problema.

El día que Amy conoció a la mamá de Ned, las cosas no fueron nada bien. Estando sentadas una al lado de la otra en el sofá de la sala de la familia de Ned, Rhoda le preguntó a Amy: «¿Cuánto tiempo llevas viviendo en San Francisco?».

Y Amy respondió: «Doce años». Sin perder el hilo de la conversación ni por un instante, Rhoda preguntó: «¿Cuántos años tenías cuando llegaste aquí de Minneapolis?».

Mientras tanto, Ned y Arnold, su simpático padre, se relajaban sentados en un par de sillones reclinables cerca de ahí, pero no parecieron darse cuenta del evidente intento de Rhoda por averiguar la edad de Amy.

«¡Y cree que está siendo sutil!», pensó Amy, justo antes de cambiar de tema. Amy era algunos años mayor que Ned, pero no pensaba darle a su madre armas para que la atacara.

A pesar de lo anterior, cuando Ned y Amy se comprometieron, Rhoda le dio a Amy la bienvenida a la familia. Organizó una despedida de soltera en un arbolado vecindario de lujo con extensos prados bien cuidados. Amy se sintió agradecida con Rhoda por haber organizado esa fiesta en su honor.

EL CONFLICTO
CON LA SUEGRA COMIENZA

El día de la boda de Amy y Ned, justo después de la ceremonia, Rhoda le dijo a Amy que se veía pesada con el vestido de boda de falda amplia que alguien le había prestado. «Si te hubieras comprado un vestido nuevo, te verías mejor», le dijo.

Cuando Amy preparó la cena de Acción de Gracias para sus suegros, Rhoda dijo que el pavo de su hija era mejor. Luego expresó su desagrado por el desorden en la cocina de Amy chasqueando la boca varias veces, y desde entonces, el tema de la cocina se volvió un problema de cajón.

Amy trató de ignorar los insultos de Rhoda. El primer Día de las Madres después de su boda, la invitó a almorzar y también lo hizo al año siguiente porque quería ser una buena nuera.

Luego, cuando Ginny, la nena de Ned y Amy, estaba cerca de cumplir dos años, Rhoda le dijo a su nuera: «Haces muy mal en decirle todo el tiempo que es maravillosa. Es malo que los niños crean que son tan especiales». Y cada vez que Ginny hacía un berrinche,

Rhoda decía: «Se pone así porque te está copiando. Siempre tienes que salirte con la tuya. Si te sigue imitando, se va a convertir en una tirana». Y los ataques siguieron y siguieron.

LA ESPOSA DESEARÍA
QUE EL ESPOSO LA APOYARA

Ned sólo se quedaba sentado sin hacer nada, y Amy sospechaba que actuaba así porque estaba de acuerdo con las críticas de Rhoda. Cuando le dijo que desearía que la defendiera, él dijo que no había notado nada.

«Me ataca todo el tiempo; critica mi forma de cocinar, mi forma de atender la casa, y para colmo, insinúa que no soy una buena madre . Y tú generalmente estás ahí cuando eso sucede», dijo Amy

Ned respondió a esto con: «Le caes bien, sólo está tratando de ayudar».

Entonces Amy pensó: «Sigue atado a la falda de su madre».

A partir de entonces Amy encontró excusas para no visitar a sus suegros. Se sentía como una cobarde, pero sólo se estaba protegiendo. Sin embargo, a veces se sentía obligada a ir, y en una de esas ocasiones decidió que, aunque ella tendría que hacerse cargo de la situación, primero le daría a Ned una última oportunidad de defenderla.

Para ese momento, Ned y Amy ya habían tenido cinco reuniones matrimoniales y todas habían sido muy exitosas. Siguiendo los lineamientos, en esas cinco reuniones sólo hablaron de problemas menores y fáciles de resolver, como si debían dejar que Ginny se fuera a dormir ya un poco más tarde, y si debían deshacerse de ciertos muebles y reemplazarlos con nuevos o no. Todo parecía indicar que era el momento perfecto para que Amy le volviera a pedir a Ned su apoyo cuando su madre la criticara.

LA REUNIÓN MATRIMONIAL LE AYUDA
A LA PAREJA A LIDIAR CON
EL PROBLEMA CON LA SUEGRA

Amy habló del problema que tenía con su suegra en la sección de *Problemas y desafíos.* Todo había salido bien en las secciones de *Aprecio* y *Tareas,* pero cuando Amy estaba a punto de sugerir que ella y Ned tuvieran una cita en la parte de *Planeamiento del tiempo de diversión,* él sugirió que visitaran a sus padres ese domingo. Y entonces Amy sintió una oleada de adrenalina porque visitar a sus suegros no era precisamente su idea de pasar un día agradable. Sin embargo, respiró hondo para calmarse y dijo que tal vez iría, pero que primero quería hablar más sobre el tema en la sección de *Problemas y desafíos* porque tenía ciertos sentimientos negativos al respecto.

Ned se preguntó por qué Amy estaría armando tanta alharaca por una visita a casa de su familia y dijo: «No hemos ido juntos como familia en un par de meses. Las últimas veces que te pedí que fueras conmigo, me saliste con varias excusas».

Entonces Amy explicó: «Es cierto, pero es que es un asunto complicado que me afecta, y se supone que tenemos que pasar los temas con carga emocional a la parte de *Problemas y desafíos*».

«De acuerdo», dijo Ned. «Pero es importante para mí porque no puedo seguir decepcionándolos cada vez que me preguntan cuándo vamos a ir. Quieren verte, y yo quiero que ambos pasemos tiempo con ellos».

Amy dijo: «Definitivamente hablaremos al respecto en unos minutos, pero por el momento ¿por qué no tenemos una cita sólo nosotros dos el sábado por la noche?». Ned aceptó y ella estuvo de acuerdo con ir a ver la película que él sugirió.

Amy sabía que tendría que ser cuidadosa en la parte de *Problemas y desafíos;* no podía decirle a Ned que sentía que su madre era como una abeja que se cernía todo el tiempo sobre ella esperando el momento perfecto para picarla. Si decía eso, él sólo respondería: «Te estás imaginando todo esto, en realidad le agradas».

Por eso, lo que dijo fue: «Me molesta que tu madre critique mi peso, mi forma de llevar la casa, mi comida y mis fallas como madre».

«Sólo trata de hacer conversación. Te estás tomando todo demasiado personal, yo sé que le agradas», dijo Ned. «Discúlpame, pero sé bien cuando alguien me está atacando», respondió Amy.

«Sólo trata de ser amable. Para ella es muy importante que la visitemos y a mí me gusta ver a mis padres por lo menos una vez al mes. Cada vez están más grandes», dijo Ned.

Amy volvió a respirar hondo un par de veces. «A ver, lo que yo escucho es que tú crees que Rhoda está tratando de ayudar y que nuestras visitas significan mucho para ella y para ti».

Como Ned se sintió escuchado, empezó a relajarse un poco; «Sí, en resumen, eso fue lo que dije. Hace dos meses que no los vemos y tu sigues poniendo pretextos».

Amy mantuvo su tono de voz calmado y agregó: «Si yo supiera que me vas a apoyar, no tendría inconveniente en ir, pero cada vez que te digo que estoy molesta porque tu madre me hostiliza, tú nada más dices que no viste nada y entonces también termino molesta contigo por no ayudarme».

Un poco exasperado, Ned le preguntó: «¿Qué quieres que haga?».

«Me gustaría que me defendieras, que digas que te gusta mi desorden, que te gusta tener una mujer rellenita, que piensas que soy una madre maravillosa. Sólo di cualquier cosa que la haga dejar de atacarme», respondió Amy.

En un tono cansado, Ned dijo: «Yo todavía creo que todo está en tu cabeza, pero voy a tratar de fijarme y de decir algo. Pero ¿qué no hablamos ya demasiado de este asunto?».

«Espero que *de verdad* lo notes y me defiendas. Aprecio mucho que digas que lo harás. Gracias». Amy respira hondo y exhala: «De acuerdo, vamos este domingo y ya veremos qué sucede».

Amy no puede esperar necesariamente que Ned la apoye en presencia de Rhoda porque «tratar» no es «hacer»; sin embargo, esta conversación fue útil porque incluyó una buena cantidad de comunicación positiva y aligeró el ambiente, aunque sea por el momento. Amy usó oraciones con *Yo* y *A mí*, se enfocó en la comunicación no verbal al usar un tono suave de voz, y también usó técnicas de audición activa al parafrasear un par de comentarios que Ned hizo, lo que a él le ayudó para relajarse y sentirse comprendido.

Asimismo, la conversación le permitió a Amy cerrar un primer ciclo. De entrada, la desanimada respuesta de Ned le permitió darse cuenta de que no había muchas probabilidades de que la ayudara. De hecho, bien podría esperar encontrarse de nuevo sola el domingo. Pero como lo mencioné en el capítulo 6, abandonar el papel del mártir en un matrimonio es una tarea que uno mismo tiene que realizar, por lo que Amy desarrolló un plan.

La visita del domingo comenzó con los típicos cumplidos. Cuando la conversación se fue apagando, Rhoda miró a Amy y comentó: «Ginny se ve delgada. Estás cometiendo un gran error al empeñarte en no dejarla comer pastel y dulces. A los niños pequeños no les gusta comer fruta de postre». Amy sabía que no serviría de nada explicarle a Rhoda que el pediatra había dicho que Ginny estaba perfectamente saludable.

Mientras tanto, Ned y Arnold permanecieron sentados cerca de ahí sin decir nada.

Amy se jactaba de mantenerse al día con los hallazgos más recientes sobre nutrición, pero uno nunca puede estar seguro del todo porque hay demasiadas recomendaciones contradictorias por ahí. «El azúcar es bueno para los niños», «el azúcar es malo para los niños»… en fin. Amy sintió una punzadita de duda, y a ésta la siguió una oleada de resentimiento.

«¿Y qué pasaba con Ned? ¿Cómo podía nada más quedarse ahí sentado?», se preguntó, y deseó que hubiera dicho algo como: «Nosotros somos los padres y, malas o buenas, nosotros tomamos las decisiones». Rhoda tendría que aceptar eso si su hijo se lo dijera. Ned incluso tendría la oportunidad de bromear: «Tú y papá tuvieron su oportunidad conmigo, ahora es mi turno». Rhoda sonreiría como diciendo: «Me rindo», tal vez se encogería de hombros y ahí se hubiera terminado el asunto. «Pero no», pensó Amy, «Ned no tenía lo que se necesitaba para defenderla, y Arnold no haría cambiar a Rhoda. De tal palo tal astilla. Así que *depende sólo de mí*».

AMY ENTRA EN ACCIÓN

«Disculpen», dijo Amy. Luego se puso de pie y se dirigió al baño. Se miró en el espejo y respiró hondo varias veces. «Es bueno alejarse de ellos», pensó. Se quedó ahí el tiempo suficiente para calmarse, recuperarse y sentirse otra vez ella. Cuando regresó a la sala, le dio la impresión de que nadie había notado su ausencia. Ella también actuó como si nada.

Su minirrevuelta era un momento decisivo. Ya no se volvería a sentir obligada a quedarse cerca de Rhoda cuando la molestara.

LA ESPOSA UTILIZA LA HERRAMIENTA DEL DISCURSO INTERIOR DE MANERA EFECTIVA

Camino a casa, Amy se volvió a sentir enfadada con Ned por haberle fallado de nuevo y no defenderla. Quería dejar de sentirse así, por lo que usó la herramienta del discurso interior. Ésta es la manera en que puso en práctica los cinco pasos explicados en el capítulo 8:

Paso 1. *Toma conciencia: ¿Qué me estoy diciendo a mí mismo?*

Amy reconoce que se ha estado diciendo: «Ned es demasiado débil para defenderme. Desearía que cambiara».

Paso 2. *Evalúa: ¿Mi discurso interior me está ayudando?*
Ella comprende que su discurso es destructivo «porque está haciendo que le guarde resentimiento a mi esposo y lo vea como un inepto».

Paso 3. *Identifica: ¿Quién está hablando: el Manipulador, el Obstaculizador o el Desorientador?*
Amy responde: «Mi obstaculizador me está obligando a juzgar a mi esposo y verlo como un inepto. Mi Manipulador me está haciendo esperar que Ned alcance un estándar de perfección al que tal vez no pueda llegar porque es demasiado afable y por la lealtad que le tiene a su madre. Mi Desorientador me está confundiendo y me hace ver a Ned de forma negativa. Me está haciendo generalizar en exceso. Aquí estoy aplicando un pensamiento en blanco y negro en lugar de ver todo el panorama, el cual incluye los muchos rasgos de excelencia de su carácter».

Paso 4. *Apóyate a ti mismo: ¿Qué permiso me voy a dar y qué afirmación personal me voy a decir para reemplazar el discurso negativo?*
Amy se dice: «Merezco respeto, y tengo derecho a protegerme cuando Rhoda me ataque».

Paso 5. *Desarrolla tu guía: ¿Qué acción voy a tomar con base en mi nueva posición de apoyo?*
El plan de acción de Amy es: «Voy a permitir que todos seamos quienes somos: mi suegra, mi esposo y yo misma. Si me siento desamparada e indefensa sin Ned cuando Rhoda me ataque,

seguiré cuidándome yo sola. Lo haré como lo hice hoy. Puedo elegir abandonar el lugar hasta que me sienta suficientemente calmada para volver a unirme al grupo y actuar como si nada hubiera pasado».

Para cuando Amy termina su discurso interno, ya volvió a apreciar las cualidades de su esposo, y acepta que no puede esperar que la ayude a lidiar con su madre. Se da cuenta de que ella sola puede manejar el conflicto con su suegra y, al mismo tiempo, mantener la armonía entre ella y su esposo.

LA COMPRENSIÓN ALCANZADA

En cuanto Amy se liberó y dejó de sentir que era la víctima de su suegra, empezó a preguntarse por qué le había tomado tanto tiempo hacerlo. Rhoda tenía una asombrosa habilidad para tocar las fibras de la inseguridad de Amy, pero incluso si sus burlas tenían algo de verdad el punto no era ése, ¿no? Rhoda se había pasado de la raya y Amy por fin había logrado marcar su límite.

La perspectiva que Amy tenía de su suegra cambió de repente. Antes la veía como una enemiga, pero de pronto entendió que Rhoda también se sentía insegura. Pensó que también era muy posible que sus ataques fueran un intento por equilibrar la situación entre ella y Amy: una nuera mucho más joven y con más preparación académica. Amy empezó a sentir más empatía por Rhoda. Notó las cosas que le agradaban de ella, como el hecho de que siempre se mantenía en forma y estaba a la moda. Amy, por otra parte, había dejado de arreglarse porque prefería vestirse con ropa cómoda. Pero entonces pensó: «Si a mí misma me agrada ver a la demás gente bien vestida, entonces tal vez deba ir de compras y adquirir algunas prendas que me hagan ver mejor». Y el día en que le dijo a Rhoda lo bien que se veía con cierto atuendo y le preguntó en dónde lo había comprado, su suegra casi se ruborizó.

UN ENCUENTRO DE DOS MENTES

En una ocasión, ya por la noche, Amy confrontó a Rhoda directamente, lo cual las sorprendió a ambas. Amy y Celia, una amiga suya que había ido a visitarla, estaban hablando en privado en la sala de estar. Cuando Rhoda entró, Amy se quedó con la frase a medio acabar. Rhoda parecía herida. Con los ojos llorosos, le preguntó a Amy: «¿Por qué sí confías en ella y en mí no?».

Entonces Amy dejó escapar: «Porque tú me criticas demasiado».

Y ése fue el principio del encuentro entre Amy y su suegra. A partir de entonces entraron en una tregua y limitaron sus conversaciones a temas triviales. Ambas evitaban decir cualquier cosa que molestara a la otra. Cuando el ambiente se tornó un poco más seguro, Rhoda incluso apoyó a Amy, le dijo que era una buena madre y que hacía sentir segura a Ginny. Y cuando Rhoda llegaba a criticarla de manera involuntaria, Amy sólo la miraba como diciendo «Retrocede», y Rhoda lo hacía. Amy y su suegra desarrollaron un entendimiento que, tiempo después, se convertiría en amistad.

LAS REUNIONES MATRIMONIALES AYUDARON A UNA PAREJA A SALIR DE UN CALLEJÓN SIN SALIDA

La historia de Amy y Ned revela que las reuniones matrimoniales ofrecen una estructura de apoyo para resolver problemas que ya llevan mucho tiempo desarrollándose. La discusión que tuvo la pareja en una de las reuniones le ayudó a Amy a cerrar un ciclo y a entender que su esposo no iba a ser capaz de ayudarla. En consecuencia, tuvo que aceptar que tendría que defenderse ella misma. Asimismo,

Ned se sintió aliviado cuando se vio libre y se percató de que Amy ya no esperaría que la ayudara en el desencuentro que tenía con su madre. Amy, por su parte, logró darle un giro a lo que hasta entonces había sido una relación de adversarias con su suegra y convertirla en una amistad. Por medio de las reuniones matrimoniales y de las herramientas de comunicación, ella y su esposo pudieron salir del callejón sin salida al que habían llegado y fortalecieron su relación.

CAPÍTULO 12

Manejo de un conflicto económico

SALLY Y MICHAEL

Las desavenencias de dinero son comunes en el matrimonio. Tal vez uno de ustedes quiere ahorrar para su jubilación, para comprar una casa o para la educación de los hijos, pero quizás el otro quiere gastar más y vivir de quincena a quincena. Como uno de ustedes no quiere estar endeudado, prefiere comprar un auto de segunda mano y pagarlo en efectivo; pero el otro prefiere usar el dinero para el enganche de un ostentoso carro nuevo e irlo pagando durante varios años. Es posible que tengan ideas diferentes respecto a la cantidad de efectivo que puede gastar cada uno a discreción y sin que nadie haga preguntas.

Las reuniones matrimoniales ofrecen una estructura para lidiar con una amplia gama de dificultades. Sin importar si el problema es el dinero o algo más, la reunión ofrece una atmósfera tranquila para abordar las diferencias por medio del uso de herramientas de comunicación positiva. La historia que se describe a continuación muestra la forma en que una pareja utilizó las reuniones para enfrentar sus diferencias respecto al dinero.

Michael y Sally, ambos de cuarenta años, se conocieron en la preparatoria en donde daban clases de matemáticas e inglés, respectivamente. Debido a una cuantiosa herencia que, de acuerdo con las leyes del estado en el que vivían, pertenecería solamente a Michael incluso después de casarse, él contaba con muchísimos más recursos que ella. Cuando se comprometieron, Michael dijo: «No quiero un acuerdo prenupcial porque los matrimonios que hacen eso siempre terminan divorciándose». Ambos estuvieron de acuerdo en tener una cuenta de cheques conjunta, y también cuentas separadas para cada uno.

Sin embargo, la falta de equidad financiera que había entre ellos se volvió una preocupación para Sally poco después de que se convirtió en madre de tiempo completo.

LA PAREJA SOSTIENE
REUNIONES MATRIMONIALES;
SURGE LA DESAVENENCIA POR EL DINERO

Para el momento en que Sally empezó a preocuparse, ella y Michael ya llevaban algún tiempo sosteniendo reuniones matrimoniales Cuando Sally dejó de obtener ingresos, Michael empezó invariablemente a sacar dinero de su cuenta de ahorros para cubrir los gastos. En varias ocasiones, en la parte de *Aprecio* de las reuniones, Sally le dijo lo agradecida que estaba con él por mantener a la familia.

Después del nacimiento de su segundo hijo, Sally empezó a sentirse incómoda por la diferencia en las situaciones financieras ya que, en cuanto renunció a su empleo, ella no fue capaz de ahorrar ni invertir. En general, estaba algo molesta porque su esposo tenía mayor seguridad económica que ella. Michael estaba compartiendo una parte de lo que tenía guardado, pero ¿qué tal si el matrimonio no duraba? Él seguiría teniendo bastante y ella estaría virtualmente en la calle.

Sally se sentía confundida por sus sentimientos. ¿Por qué no podía sólo confiar en que él siempre estaría ahí para ella?

LOS ANTECEDENTES FAMILIARES DE LA ESPOSA ALIMENTAN SUS DUDAS

Los padres de Sally se divorciaron cuando ella tenía once años. En su adolescencia escuchó a su madre lamentarse en más de una ocasión: «Me dejó después de que le di los mejores años de mi vida».

Además de eso, a la inseguridad de Sally se sumaba el hecho de que el padre de su madre había desaparecido antes de que ella naciera, dejando a su abuela materna en la indigencia y con dos niños pequeños.

Sally quería un fondo para «los días lluviosos», pero le daba vergüenza decírselo a Michael porque sería como admitir que ella pensaba que el matrimonio podría llegar a su fin a pesar de que él era tan constante.

Sally deseaba tener la misma fe que Michael parecía tener en su unión. Se sentía avergonzada de querer más dinero porque cuando era niña en casa aprendió que pedir dinero era una manifestación de codicia y avaricia; e inconscientemente, estaba convencida de ello. ¿Acaso no sería eso lo que estaría haciendo si se quejara de no tener suficiente? Si hablara de ello, ¿Michael pensaría que era una harpía?

SALLY MENCIONA EL PROBLEMA DEL DINERO EN LAS REUNIONES MATRIMONIALES

A pesar de la inquietud que le causaba hablar al respecto, Sally mencionó su preocupación en la sección de *Problemas y desafíos* de una de sus reuniones matrimoniales. Le dijo a Michael que se sentía frustrada por llevar las de perder en el aspecto financiero, pero él sólo le dijo que no tenía por qué preocuparse, que él siempre estaría ahí y compartiría su dinero con ella. Sally trató de retomar el asunto en otra reunión, pero Michael volvió a mostrarse despreocupado.

Entonces ella comenzó a guardarle resentimiento por ser tan insensible. Lo mínimo que quería era sentirse comprendida, pero él había construido un muro entre ellos.

Sally no soportó sentirse ignorada por mucho tiempo, por lo que decidió volver a intentarlo en otra reunión, en la sección de *Problemas y desafíos*. Entonces la pareja estuvo de acuerdo en usar la técnica de audición activa que se describe en el capítulo 9.

Sally comenzó diciendo: «Me siento insegura porque desde que dejé de obtener ingresos, ya no he podido depositar nada en mi cuenta para la jubilación».

Michael respondió: «Escucho que te sientes insegura respecto a tu situación financiera. Te molesta no haber depositado dinero en tu cuenta para la jubilación desde que dejaste de trabajar. ¿Estoy en lo cierto?».

«Así es», cuando habló, la voz le tembló a Sally. «Me cuesta trabajo hablar de esto, pero siento que llevo las de perder en nuestra relación. Tú tienes mucho más dinero que yo, y eso significa que tienes más poder financiero también. Pero es todavía más complicado que eso porque…»

«¿Qué quieres que haga? ¿Qué te dé la mitad de mi dinero?», le preguntó Michael exasperado.

Sintiéndose acusada de ser codiciosa, Sally respondió: «No, no quiero eso. Lo único que sé es que me siento incómoda. Legalmente, tu herencia te pertenece sólo a ti, pero yo renuncié a mi empleo. No ganar dinero me hace sentir en desventaja».

Michael suspiró irritado.

Desanimada, Sally sacudió la cabeza: «Lamento haberlo mencionado».

¿Te diste cuenta en qué momento se interrumpió la audición activa? En lugar de reflexionar y repetir lo que escuchó decir a Sally respecto a la desigualdad financiera, Michael se irritó. Le dio miedo pensar que tendría que compartir su herencia. Su propia ansiedad le impidió escuchar las preocupaciones de su esposa, y cuando ella trató de explicarle sus sentimientos él se sintió demasiado amenazado para asimilarlos. Las emociones alcanzaron un grado de tensión muy alto en ambos lados y eso impidió que la conversación se encarrilara de nuevo en un ambiente positivo.

Esa noche, cuando Michael trató de abrazar a Sally en la cama, ella se alejó; estaba demasiado molesta para dormir. Michael se sintió confundido y rechazado.

SALLY CAMBIA UN DISCURSO INTERIOR INÚTIL POR MENSAJES CONSTRUCTIVOS

Al día siguiente, Sally reflexionó sobre lo que había pasado. Primero se dijo: «Michael está siendo egoísta, no le importa lo que me pase; podría quedarme en la calle. No quiero ser otra mujer divorciada más, de esas que apenas si sobreviven sólo porque creyeron que su esposo siempre estaría ahí».

De pronto, Sally se descubrió sumergida en un monólogo destructivo, y de inmediato decidió cambiarlo siguiendo los cinco pasos de la técnica del discurso interior como se muestra a continuación:

Paso 1. *Toma conciencia: ¿Qué me estoy diciendo a mí mismo?*
«Me estoy diciendo que mi esposo es egoísta y que no está interesado en lo que me pueda pasar, que podría abandonarme y dejarme en la miseria».

Paso 2. *Evalúa: ¿Mi discurso interior me está ayudando?*
«Mi discurso interior no me está ayudando en absoluto. Sólo me está haciendo sentir más enojada y desconfiar de mi esposo».

Paso 3. *Identifica: ¿Quién está hablando: el Manipulador, el Obstaculizador o el Desorientador?*
«El Manipulador que me empuja a "ser perfecta" me dice que Michael debería ayudarme a resolver mi problema de dinero en lugar de enojarse conmigo por hablar del asunto. Mi Obstaculizador dice que debería retroceder porque yo soy quien está siendo egoísta y porque no debería ser tan insegura. Mi Desorientador me está impidiendo ver el panorama completo. Me dice que no le importo a mi esposo».

Paso 4. *Apóyate a ti mismo: ¿Qué permiso me voy a dar y qué afirmación personal me voy a decir para reemplazar el discurso negativo?*
«Está bien que reconozca, respete y haga algo respecto a mis sentimientos porque son igual de importantes que los de mi esposo y merecen atención. Vale la pena arriesgarse y compartirlos con él. Michael a veces se comporta de manera que me demuestra que sí le importo».

Paso 5. *Desarrolla tu guía: ¿Qué acción voy a tomar con base en mi nueva posición de apoyo?*
«Michael y yo todavía no hemos terminado la conversación. Necesitamos escuchar lo que ambos tenemos que decir. El tema es muy delicado para los dos. Creo que sería mejor tratar de hablarlo con la ayuda de un terapeuta. Le voy a sugerir a Michael que programemos una sesión».

Sally decidió que en su próxima reunión matrimonial le propondría a Michael ver a un terapeuta juntos.

LA PAREJA SE ACERCA A UNA SOLUCIÓN: LA ESTRUCTURA DE LA REUNIÓN MATRIMONIAL LES AYUDA

En la sección de *Aprecio* de su siguiente reunión matrimonial, Sally le volvió a agradecer a Michael su apoyo económico porque, gracias a éste, ella podía permanecer en casa con sus niños. También le demostró aprecio por hacer las reservaciones para la obra de teatro que vieron el sábado por la noche, por su amabilidad al levantarse la otra noche para calmar al bebé que estaba llorando y dejarla a ella dormir un poco más, y por limpiar la cocina a fondo todas las noches cuando terminaban de cenar.

Michael le dijo a Sally que él la apreciaba por llevar a los niños a la guardería, por continuar buscando estímulos intelectuales como su grupo de discusión literaria de los martes por la noche, por hacer ejercicio con él el domingo en el gimnasio, por ser tan diligente y haber investigado en internet lo necesario para el posible viaje familiar a uno de los parques nacionales, y por su amabilidad al escucharlo despotricar el lunes cuando regresó a casa enojado por las políticas en su empresa.

Como suele suceder, al final de la parte de *Aprecio,* ambos se sentían bien respecto al otro. También manejaron con mucha comodidad las siguientes dos partes de la reunión: *Tareas y Planeamiento del tiempo de diversión.*

Cuando llegó el momento de abordar el último tema de la agenda, *Problemas y desafíos,* Sally trató de suavizar la discusión utilizando la técnica para ofrecer una crítica constructiva y retroalimentación que se explica en el capítulo 9.

Primero le preguntó a Michael: «¿Estás de acuerdo en que hablemos un poco más sobre mi preocupación financiera?». Michael reaccionó con poca emoción, pero aceptó conversar. Entonces Sally usó la técnica del «sándwich» y dijo: «Parece que cada vez que trato de hablar de nuestra situación económica, llegamos a un punto muerto. ¿Estarías dispuesto a escuchar una idea que tuve y que podría ayudarnos?». Dubitativo, Michael aceptó. Sally empezó la técnica del «sándwich» con un cumplido: «Te amo mucho, por eso quiero aclarar las cosas entre nosotros. Estoy muy agradecida de que te hagas cargo de nosotros en el aspecto financiero para que yo pueda ser madre de tiempo completo mientras nuestros hijos son pequeños».

«Lamento que nuestra conversación de la semana pasada sobre mi preocupación de estar en desventaja económica no haya sido positiva. Para mí es muy difícil hablar de dinero, y cuando te enojaste, me sentí intimidada y creí que no te importaba. Me gustaría que dejáramos esto atrás y que habláramos el asunto con un terapeuta presente». Sally cerró la técnica del «sándwich» expresando sentimientos positivos. «Sé que te importo, pero mi inseguridad me hace dudarlo. Tú de verdad eres muy generoso conmigo de muchas maneras distintas, y por eso creo que ambos nos sentiremos mejor cuando tengamos una conversación saludable acerca de este tema».

«De acuerdo, pero no quiero que me acorralen», señaló Michael.

Sally contestó: «Yo tampoco. Sólo quiero una solución que funcione para ambos».

LA SESIÓN CON EL TERAPEUTA

En su sesión de terapia, Sally habló del sacrificio económico que había hecho al elegir convertirse en madre de tiempo completo.

«No tengo nada porque no tengo ingresos. Michael tampoco está ahorrando. De hecho, sólo saca dinero de su cuenta para mantenernos a flote, pero él tiene un colchón y yo no. Esto me está provocando resentimiento, y eso me hace sentir culpable. Sin embargo, creo que si algo llegara a suceder y nuestro matrimonio acabara, no estaría bien que yo terminara en calidad de indigente y él se quedara como si nada hubiera pasado».

Michael dijo entre dientes lo común que era escuchar de exesposas que dejaban «limpios» a sus maridos.

«¡No confía en mí! ¿Acaso cree que soy de esas mujeres manipuladoras con un plan para quitarle su dinero? ¿De verdad éste es Michael?». Sally se quedó pasmada, no tenía idea de cómo conciliar la imagen del Michael que conocía con la del que acababa de hablar.

¿Qué había pasado con el confiado Michael que no quiso que redactaran un acuerdo prenupcial? A diferencia de los padres de Sally, los de Michael seguían felizmente casados. Ahora parecía que, como ella, Michael también quería estar preparado para cualquier contingencia, incluso la posibilidad de que si las cosas se ponían mal, ella lo desplumara por completo.

Entonces Sally comprendió: «Él también se siente vulnerable». ¿Y por qué no? Si uno de cada dos matrimonios terminaba en divorcio, las estadísticas sólo hacían parecer que casarse era una especie de apuesta.

Cuando el terapeuta le preguntó a Sally qué era lo que quería de Michael, ella no supo bien que decir porque pedir dinero la hacía sentir culpable. Pero tragó saliva, respiró y dijo: «En este momento estoy trabajando mucho más de lo que nunca lo hice en ningún empleo pagado; sin embargo, no recibo ninguna remuneración. No me parece justo que, como decidimos que me quedaría en casa con los niños, haya tenido que renunciar a tanto en términos financieros». Hizo una pausa y añadió: «Quiero que Michael deposite una contribución en mi fondo de retiro, igual a la cantidad que estaba recibiendo cuando daba clases».

Michael se sintió muy incómodo. Cerró los ojos por un instante. De manera inconsciente, estaba completando los primeros cuatro pasos de la técnica de cinco para aprovechar el discurso interno. Primero pensó: «¿Qué me estoy diciendo a mí mismo? "Sally me toma por un tonto si cree que le voy a dar de mi dinero"», pero luego reconoció: «Este mensaje no me está ayudando», y entendió: «Proviene del Manipulador, quien me dice que está mal que ella quiera que comparta mi dinero, y de mi Desorientador, que me impide ver el panorama completo».

Finalmente, Michael se dijo a sí mismo un mensaje más útil: «Siempre me ha agradado la noción de la equidad que tiene Sally. Es una persona ética de quien no debo temer en términos económicos. En realidad hice una *inferencia ilógica* al creer que estaba tratando de aprovecharse de mí».

Michael comprendió algo y se relajó: «Sally se siente insegura. Si las cosas fueran al revés, lo más probable es yo también me sentiría así. Ella trabaja en casa y se hace cargo de maravilla de nuestros niños, e incluso pasa más tiempo haciendo las labores del hogar de lo que yo paso dando clases. Y mientras tanto, yo estoy acrecentando una cuenta para el retiro y ella no».

Cuando por fin terminó los cuatro primeros pasos de la técnica del discurso interior, Michael se puso a pensar en una solución. No estaba dispuesto a darle a Sally todo lo que ella estaba pidiendo porque le parecía demasiado. Pero darle la mitad tampoco le resultaba gratificante porque de todas maneras él seguiría teniendo más gracias a la cuantiosa herencia que seguía sin tocarse. Entonces pensó que debería darle más de la mitad de lo que ella estaba pidiendo. Para darle una respuesta a Sally, reanudó su discurso interior y fue directamente al paso cinco, el plan de acción: «Estoy dispuesto a contribuir con dos tercios de la cantidad total que estarías recibiendo para tu retiro si siguieras dando clases».

Sally exhaló aliviada. Sabía que éste era un paso enorme para Michael. Se lo agradeció. «Está siendo generoso», pensó. «Incluso si no es lo que yo solía obtener, sé que le importo lo suficiente para hacer esto».

LA SESIÓN DE TERAPIA CONDUCE A UN CIERRE

Usualmente, a la gente le cuesta trabajo hablar de sentimientos y necesidades que la hacen sentir avergonzada; a muchos nos da miedo que nuestra pareja nos juzgue si llegamos a ser «demasiado abiertos». A pesar de que el matrimonio de Michael y Sally parecía seguro, ambos sentían la necesidad de prepararse por si algo llegaba a pasar. Pero al estar en el ambiente apacible y seguro de la terapia, por fin fueron capaces de revelar la verdad que se ocultaba en sus corazones.

Gracias a esto pudieron entender y sentir empatía el uno por el otro, y llegar a una solución. Cuando salieron de la sesión, ambos sintieron más confianza en su habilidad para negociar soluciones y resolver problemas económicos y de otro tipo en el futuro.

Su historia nos muestra la forma en que las reuniones matrimoniales pueden ayudarle a una pareja a abordar una desavenencia fuerte que, de no atenderse con oportunidad, podría provocar que los cónyuges acumulen resentimiento o tengan otros comportamientos negativos. También nos muestra que las reuniones le pueden ayudar a la pareja a detectar en qué momento deben consultar a un terapeuta u otro profesional.

Sally y Michael utilizaron las herramientas de las reuniones matrimoniales, así como varias técnicas más, para discutir su problema de dinero con serenidad. También tuvieron la sabiduría suficiente para reconocer que necesitaban ayuda externa. Ambos lograron entender el punto de vista del otro en la sesión de terapia, y eso fue lo que los condujo a un final feliz.

CAPÍTULO 13

La pareja pasa del abuso verbal a una relación más sana

WENDY Y ZACK

No todas las parejas están preparadas para sostener reuniones matrimoniales exitosas, ni siquiera en el marco de una sesión de terapia. Aunque los cónyuges de quienes se habla en este capítulo entraban en esta categoría al principio, usaron las técnicas de las reuniones en sus sesiones de terapia y aprendieron a comunicarse de una forma más positiva. Su historia también nos muestra la manera en que un terapeuta puede identificar con rapidez los problemas centrales que se deberán atender en el tratamiento de la pareja a la que está guiando a través de la técnica de las reuniones matrimoniales.

«¡Oh, no!», pensé en cuanto vi el encabezado con el que se anunciaba en el periódico mi taller: «Clase para parejas con problemas». «No debieron hacer eso, las reuniones matrimoniales son básicamente para parejas con hábitos saludables».

Aunque todas las parejas tienen dificultades, temí que este encabezado desalentara a las parejas que funcionaban bien de asistir al taller. La gente creería que la clase era para gente involucrada en relaciones con serias tribulaciones, por lo que deseé que en el periódico no hubieran utilizado la palabra *problemas*.

No obstante, el encabezado atrajo la atención de Zack, quien le contó a Wendy, su esposa, sobre mí. Ella entonces llamó por teléfono para solicitar una sesión privada para ambos.

LA TERAPIA DE PAREJA COMIENZA

Apenas nos acabábamos de presentar en mi oficina, y Wendy ya estaba sollozando. Ella y Zack llevaban casados cuatro años, pero tenían problemas *muy serios*.

«Él me llama "fodonga"», explicó Wendy.

Zack ignoró sus gimoteos y argumentó: «Ella no limpia la mesa después de que come; y deja sus proyectos y periódicos por todos lados».

Les comenté a Zack y a Wendy que todas las parejas tenían altibajos.

«Gracias», dijo Wendy, respirando aliviada.

«Las relaciones son un tema delicado y complejo. No son como las pintan en los cuentos de hadas, en los que la gente termina viviendo feliz para siempre sin esforzarse. Por eso es necesario organizarse. Las reuniones matrimoniales les pueden ayudar a encarrilar de nuevo la situación entre ustedes.»

A ambos les agradó la idea de tener una estructura, pero primero tuvieron que reparar la relación antes de tratar de sostener reuniones matrimoniales. En los primeros intentos por tener reuniones efectivas en mi oficina, ya fuera uno o el otro, siempre alguien terminaba desviando el plan porque empezaba a culpar a su pareja, interrumpía o utilizaba un lenguaje «colorido». Este matrimonio no estaba listo para seguir los lineamientos que exigían un comportamiento amable y respetuoso. Ambos se quejaban de las palabrotas del otro y, aunque en cierto momento estuvieron de acuerdo en no maldecir, siguieron maldiciendo todo el tiempo.

Wendy y Zack eran alcohólicos en recuperación. Ambos tenían ocho años de no beber, lo que significaba que podían mantenerse en el buen camino para lograr un objetivo. Ambos crecieron en hogares con problemas. El padre de Zack, también alcohólico, con frecuencia abusaba verbalmente de él. La madre de Wendy era divorciada y solía llevar a casa a todos sus novios, uno de los cuales abusó sexualmente de Wendy de manera repetitiva durante diez años.

Wendy y Zack sabotearon prácticamente todas sus primeras reuniones matrimoniales. En la mayoría de las sesiones, ambos sucumbían a una fuerte necesidad de despotricar en contra de lo que el otro decía, hacía o dejaba de hacer, y eso obstaculizó la posibilidad de seguir el orden previsto.

En una ocasión, estando en la parte de *Aprecio,* Wendy le hizo a Zack varios cumplidos de corazón. Cuando le tocó a él halagar a Wendy, sólo dijo llanamente: «No aprecio nada de ella». A Wendy se le inundaron los ojos de lágrimas y de pronto ya habían retomado ambos los feroces insultos. Zack no estaba dispuesto a usar el autocontrol necesario para posponer un tema con carga emocional hasta la última parte de la reunión, la de *Problemas y desafíos.*

En algunas sesiones, Zack y Wendy llegaban a planear una cita. Se ponían de acuerdo en una fecha y hora para dar una caminata, ver una película o ir a cenar. Pero a la semana siguiente, Zack siempre llegaba frustradísimo porque Wendy había puesto un pretexto para no ir.

Wendy, por su parte, decía que Zack la avergonzaba porque la trataba como basura frente a la familia de ella. Él decía que sólo estaba bromeando, pero ella sabía que no era así.

UN MOMENTO DECISIVO
PARA ZACK

Tras varios meses de terapia conmigo, la madre de Zack falleció. Él llegó dos días después con Wendy, apesadumbrado y aturdido. Cuando Wendy sugirió que hicieran algo divertido, me quedé anonadada. Su intención era buena: sólo quería distraerlo. Sin embargo, eso era lo último que Zack necesitaba en ese momento; de hecho, el hombre estaba mostrando sus verdaderos sentimientos de tristeza por la catastrófica pérdida que acababa de sufrir, y necesitaba que alguien los validara.

Por eso le dije a Wendy: «Es importante que dejemos que Zack sienta lo que quiera. Necesita tiempo y espacio para tener un duelo a su manera».

A Zack se le pusieron los ojos vidriosos. Creo que fue la primera vez que apreció el valor de la terapia como un espacio en donde podía expresar otros sentimientos aparte de la ira.

Ambos se sintieron aliviados al comprender que yo los entendía bien. Lo ideal habría sido que aprendieran a proporcionarse entre sí ese mismo tipo de aceptación, pero como ni Wendy ni Zack habían visto jamás lo que era un buen matrimonio, también necesitaban recibir educación respecto a los aspectos prácticos para construir uno.

LAS QUEJAS ABUNDAN: LA EDUCACIÓN
MARITAL COMIENZA

En otra sesión durante la que Zack no dejó de atacar a Wendy verbalmente, les expliqué lo fundamental que era para cualquier matrimonio que la pareja pudiera expresar su desacuerdo de una manera respetuosa. Les mostré una gráfica que siempre tengo a la mano en mi oficina, en la que se enlistan los cinco tipos de comunicación que la gente debería usar cuando surjan desacuerdos (véase capítulo 9).

Luego repasé cada una, pero dejé la comunicación congruente para el final. Después de escuchar sobre esta forma de comunicación, Zack dijo: «En mi familia no nos hablábamos así».

Tanto él como Wendy reconocieron que habían crecido en atmósferas en las que unos se culpaban a otros, y que ahora estaban reproduciendo esos patrones entre sí.

Pero después de experimentar por algún tiempo en las sesiones de terapia y en casa, la pareja comprendió el valor de la comunicación congruente. Ambos se dieron cuenta de que usar oraciones con *Yo* y *A mí* mostraba respeto tanto para su pareja como para ellos mismos.

LA PACIENCIA ES UNA VIRTUD: LOS DESTELLOS DE LA ESPERANZA SON EL PREMIO

Wendy y Zack aprendieron a ser pacientes con el proceso de aprender a comunicarse con mayor eficacia porque para cambiar los hábitos de mucho tiempo atrás se requiere de tiempo, y los cambios suelen ocurrir de manera gradual, poco a poco.

Mientras tanto, aparecieron destellos de esperanza. Una de las quejas constantes de Zack había sido que Wendy era «floja» y «fodonga». Ella, a su vez, pensaba que él estaba obsesionado con la limpieza. En una sesión en la que por fin pudieron llevar a cabo una reunión matrimonial completa, llegaron a una solución para este conflicto. Zack estaba enojado con Wendy porque a menudo dejaba las cosas cocinándose o hirviendo demasiado tiempo en la estufa mientras ella andaba por otro lugar de la casa; a él le desagradaba que no limpiara los derrames sobre las parrillas con presteza y minuciosidad.

UNA REUNIÓN
MATRIMONIAL EXITOSA

En la primera reunión matrimonial que tuvieron completa, Wendy empezó a salirse por la tangente en la parte de *Aprecio* y habló de algo que Zack quería hacer para mejorar su relación. Él le recordó: «Wendy, tenemos que apegarnos al orden de la reunión».

En la parte 4, *Problemas y desafíos,* abordaron el conflicto de la limpieza en la cocina, y estuvieron de acuerdo en seguir mi sugerencia de usar una herramienta de comunicación explicada en el capítulo 9: la lluvia de ideas para buscar soluciones.

Ambos enunciaron el problema de la manera siguiente: «¿Cómo puede vivir en armonía esta pareja si a Zack le gusta la cocina limpia y a Wendy a veces se le olvida apagar la hornilla antes de que se derrame lo que se está cocinando?». La pareja presentó varias sugerencias y Wendy las apuntó. Después de terminar la lista, analizamos cada opción. Wendy tachó todas las que ella o Zack rechazaban. Por ejemplo, ella no quiso aceptar la sugerencia de Zack de quedarse en la cocina durante todo el tiempo que estuviera la estufa encendida; y Zack rechazó la opción de «Aceptar la situación y aprender a vivir con ella».

Luego evaluaron las ventajas y desventajas de las otras opciones, y finalmente eligieron una en la que ambos estuvieron de acuerdo: «Cuando Wendy quiera abandonar la cocina mientras calienta algo, le pedirá a Zack que le "eche un ojo" a la estufa y apague la hornilla cuando sea necesario».

Esta reunión matrimonial fue exitosa porque, en primer lugar, la pareja pudo apegarse al orden gracias a Zack y, en segundo lugar, porque lograron resolver un problema en lugar de sólo despotricar al respecto.

EL CAMBIO EXIGE TIEMPO,
Y A VECES UNO REINCIDE

La semana siguiente, Wendy dijo que Zack había vuelto a insultarla. Zack dijo que ella también le había hablado con palabras altisonantes. En otra sesión, Zack no dejó de atacar a Wendy mientras estábamos repasando los cinco tipos de comunicación que la gente debería usar cuando surjan desacuerdos. De pronto le dije: «Zack, estás culpando a Wendy».

Él se levantó del sofá abruptamente, tomó su chamarra y salió a toda prisa del consultorio gritando: «¡Se acabó! ¡Hasta aquí llegué con esto!»

Me quedé pasmada. «¿Acaso fui demasiado terminante? ¿Yo lo estaba culpando también a él? ¿Regresaría?». Todos estos pensamientos dieron vuelta en mi cabeza, pero Wendy se veía muy despreocupada.

«Creo que esto fue un gran logro», dijo. Al parecer sentía que el comportamiento de Zack era prueba de que yo había tocado una fibra delicada.

De pronto me di cuenta de que se sintió criticado y reaccionó escondiendo su dolor detrás de una nube de enojo.

LA PAREJA REPORTA SU PROGRESO
ANTES DE RECAER NUEVAMENTE

En la siguiente sesión, Wendy y Zack me reportaron su progreso. En la semana habían logrado expresarse aprecio verbalmente y por medio de notas que se escribieron entre sí. Wendy le dijo a Zack que quería que le diera masajes sin la expectativa de tener relaciones sexuales al final. Zack se sintió incómodo y no volvieron a mencionar el asunto; sin embargo, ella hizo bien en enunciar su necesidad como un deseo en vez de como una queja.

LA FALTA DE EMPATÍA
ES EL MAYOR OBSTÁCULO

No obstante, una semana después, Wendy criticó a Zack por ser un individuo demasiado mundano, le dijo que prefería un tipo de hombre más intelectual.

Como Wendy y Zack mostraban tanta falta de empatía entre sí, empecé a preguntarme si la terapia en pareja sería la mejor forma de mejorar su relación. Pasaron seis meses de sesiones semanales, y yo percibía muy pocos cambios en la relación. A veces, cuando Wendy hablaba de un tema delicado con llanto en los ojos, Zack sólo miraba al techo, ponía los ojos en blanco o se mostraba totalmente inexpresivo. Parecía incapaz de tolerar las manifestaciones de vulnerabilidad de su esposa.

La intimidad emocional exige que ambos integrantes de la pareja se sientan lo suficientemente seguros para expresar sus sentimientos con apertura. La dificultad que tenían Zack y Wendy para aceptar la vulnerabilidad del otro me convenció de que necesitaban algo más que reuniones matrimoniales y terapia de pareja para desarrollar un vínculo emocional constante. Ninguno de los dos tenía una gota de empatía en reserva para sintonizarse con las tiernas emociones del otro.

Entonces comprendí que antes de que pudieran responder con una actitud de apoyo, ambos tendrían que desarrollar empatía para con ellos mismos.

TERAPIA INDIVIDUAL PARA CADA CÓNYUGE

«Antes de que puedan sentir compasión el uno por el otro, van a tener que sentirla por ustedes mismos», les expliqué. Entonces les recomendé que recibieran terapia por separado. Todos estuvimos de acuerdo en dejar de sostener las sesiones en pareja, en el entendido de que podríamos volver a programarlas si ellos o yo así lo solicitábamos.

De manera extraña, los dos mostraron tristeza al enterarse de que dejaríamos de tener las sesiones de terapia en pareja. Ambos dijeron: «Es el único momento en que hablamos».

Tristemente, parecía que «hablar» para ellos significaba tener la oportunidad de despotricar con libertad. No obstante, estuvieron de acuerdo en tomar terapia individual, Zack conmigo, y Wendy con otro terapeuta.[1]

ZACK SE APUNTA

En la primera sesión individual de Zack dibujé un iceberg para explicarle la manera en que los sentimientos que están debajo de la superficie —aquéllos de los que no estamos conscientes— influyen en la forma en que, para bien o para mal, hablamos y nos comportamos.

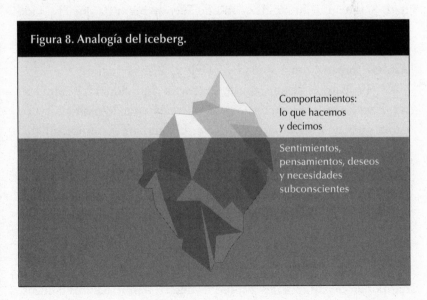

Figura 8. Analogía del iceberg.

Comportamientos:
lo que hacemos
y decimos

Sentimientos,
pensamientos, deseos
y necesidades
subconscientes

En muy poco tiempo, Zack empezó a prestarle más atención a sus sentimientos y a usar oraciones con *Yo* o *A mí* para expresarlos. Luego me comentó que, un día, en lugar de maltratar a Wendy por llegar tarde, le dijo: «(Yo) me siento herido cuando llegas tarde a nuestra cita para ver una película». Según él, cuando le habló a su esposa de esta manera, ella «fue más comprensiva».

LAS HERRAMIENTAS DE LAS REUNIONES MATRIMONIALES MEJORAN LA RELACIÓN

Y luego hubo más cambios. Zack y Wendy empezaron a dejarse notas de aprecio entre sí con más frecuencia. Las palabras altisonantes dejaron de ser el problema de antes porque juntos decidieron abrir una «alcancía de groserías», en la que cualquiera que insultara al otro o maldijera tendría que depositar un dólar.

Zack lidió con el asunto de la limpieza en el hogar: contrató a una persona para que fuera a limpiar el lugar con cierta regularidad. Se quejó de la rapidez con que Wendy permitía que el estado de la casa volviera a deteriorarse, pero lo hizo con un tono amable y resignado, como diciendo: «Esto es lo mejor que voy a conseguir». Ambos comenzaron a aprender a vivir y dejar vivir al otro.

Poco antes de que la serie de terapias individuales llegara a su fin, Zack tuvo que someterse a una operación que lo mantendría en cama durante una semana completa. Un año antes, también había tenido que operarse, pero en esa ocasión lo decepcionó mucho ver que Wendy no estuvo ahí para él. Esta vez le dijo: «El año pasado (yo) sentí que no estuviste realmente ahí para ayudarme».

Y ella hizo los arreglos necesarios para tomarse una semana de vacaciones y estar a su lado.

La relación de Zack y Wendy mejoró porque ambos aprendieron a usar las herramientas de comunicación prescritas para las reuniones matrimoniales y porque desarrollaron hábitos nuevos.

Aprendieron a usar las oraciones con *Yo* y *A mí* con frecuencia para expresar sus sentimientos, deseos y necesidades. Se dieron fuertes dosis de aprecio. En lugar de ser indiferentes cuando el otro expresaba su vulnerabilidad, se volvieron más hábiles para escuchar con empatía. Y conforme ambos incrementaron el entendimiento y la aceptación de sí mismos, aprendieron a comunicarse con honestidad, lo cual generó una relación de mayor confianza y entendimiento.

LAS REUNIONES MATRIMONIALES MEJORAN LA TERAPIA

Las reuniones matrimoniales de Zack y Wendy durante la terapia en pareja sirvieron para revelar algunos de sus puntos fuertes y débiles de comunicación. La estructura y los lineamientos les permitieron conocer las herramientas de comunicación positiva que luego empezaron a usar todos los días. Su ejemplo nos muestra que incluso las parejas con problemas sumamente fuertes pueden recibir los beneficios de sostener sus reuniones matrimoniales en el contexto de apoyo que ofrece la terapia.

Las técnicas de la reunión matrimonial sirven de apoyo para la terapia de pareja

OLIVER Y ROBIN

La historia de esta pareja muestra que, al integrar las herramientas y técnicas de las reuniones matrimoniales a las sesiones de terapia, es posible restaurar incluso una relación severamente dañada. Las reuniones de este matrimonio sirvieron como una herramienta de diagnóstico porque revelaron desavenencias clave. Asimismo, los cónyuges conocieron las herramientas de comunicación positiva y empezaron a recibir sus beneficios.

Oliver y Robin son de esas parejas que podrían aparecer en los comerciales de televisión. Oliver es alto y fornido, tiene ojos azules y piel bronceada. Es médico y trabaja en el área de urgencias de un hospital. Robin es terapeuta ocupacional y es una pelirroja delgada y bajita con tez de durazno y una sonrisa deslumbrante. Ambos tienen treinta y tantos años, casi llegan a los cuarenta, y llevan casados dieciséis. Tienen tres niños que, al parecer, tienen un desempeño excepcional en la escuela primaria.

A pesar de todo lo anterior, la relación de esta pareja ha incluido violencia física, infidelidad y alcoholismo. Sí, era como para que ya se hubieran divorciado, sin embargo, en contra de todo lo que parecía inevitable, ambos expresaron su compromiso para reconstruir su matrimonio.

Robin mencionó que, antes de empezar la terapia en pareja, arreglaban sus desacuerdos con «intensas riñas a gritos». A veces, cuando Oliver estaba enojado, golpeaba la puerta con el puño cerrado y dejaba un enorme agujero en ella. Lo que desencadenaba sus ataques de ira solía ser, muy a menudo, la negativa de su esposa a responder a sus intentos por tener relaciones sexuales; y cuando él empezó a sospechar que ella le era infiel, las peleas se tornaron físicas.

Robin empezó a tener romances algunos años antes. Cuando Oliver se enteró, ella prometió que se detendría, pero no lo hizo, y comenzó a mentirle a su esposo sobre sus actividades. Luego él descubrió la verdad y la golpeó. Estaba ebrio cuando lo hizo; le dejó moretones en todo el cuerpo y le golpeó el rostro con tal fuerza que la hizo sangrar. Fue la primera vez que Robin llamó a la policía.

LA PAREJA INTENTA REPARAR SU RELACIÓN

Oliver persuadió a Robin de que se quedara con él y trataran de solucionar sus problemas. Incluso le juró: «No volveré a tomar una gota de alcohol», y se unió a un grupo de apoyo para hombres que habían abusado físicamente de sus parejas.

En la primera sesión de terapia que tuvieron conmigo, Oliver dijo: «Tengo la esperanza de que aprendamos a comunicarnos sin gritarnos; quiero reconstruir la confianza que perdimos. Ésta es mi última oportunidad de salvar mi matrimonio».

Robin, por su parte, comentó: «Quiero ser menos indiferente con mi esposo, quiero que me importe más». Añadió que no quería divorciarse porque quería que sus hijos crecieran en una familia intacta.

Las semillas que dieron fruto a los problemas actuales fueron plantadas en la infancia

Como sucede con mucha gente violenta, Oliver solamente estaba repitiendo lo que había aprendido tiempo atrás. Su padre lo golpeaba con frecuencia cuando era niño, y también golpeaba a su madre en su presencia.

El padre de Robin era alcohólico y murió cuando ella tenía un año. Como su madre cayó en una depresión clínica, Robin y sus hermanos tuvieron que ver por sí mismos, y «nadie habló nunca sobre los sentimientos al respecto».

EN LAS PRIMERAS SESIONES EL ESPOSO ES CONTROLADOR Y LA ESPOSA, PASIVA

En las primeras sesiones me sorprendió la forma en que Oliver hablaba por Robin, como si necesitara controlarla. La blanda expresión facial de ella sugería que ya estaba acostumbrada. Le dije a Oliver que quería escuchar lo que Robin tenía que decir con sus propias palabras. Robin dijo que su infidelidad había sido un «síntoma de lo que estaba mal en la relación entre ellos», y que antes de que empezara a tener romances, ella y Oliver ya llevaban algún tiempo comportándose de una manera destructiva. En cuanto a la infidelidad de su esposa, Oliver sólo lloró y dijo: «Es algo que me destruye».

Robin luego habló del frecuente «sexo forzado» que tuvo que soportar por parte de Oliver durante un par de años, y dijo que fue algo muy doloroso física y emocionalmente. Oliver comentó que él había estado enojado por mucho tiempo. «Ella siempre me dice "estúpido"».

Cuando le pregunté a Robin: «¿Qué crees tú que podría llevarlos a recuperar los antiguos sentimientos amorosos?»

Ella contestó: «Lidiar con el conflicto de una manera respetuosa».

Yo no pude haberlo dicho mejor.

EL TERAPEUTA MUESTRA LA HERRAMIENTA DE COMUNICACIÓN DEL DISCURSO INTERNO

En la segunda sesión de terapia, Robin habló de la violencia física que había sufrido por parte de Oliver: «No puedo creer que me tratara de esa manera y dijera que me amaba».

Aunque la relación de Robin y Oliver no era suficientemente saludable para sostener una reunión matrimonial, ella prestó mucha atención y aprendió la técnica del discurso interno que se explica en el capítulo 8.

Empezamos el ejercicio con la frase de Robin: «No puedo creer que me tratara de esa manera y dijera que me amaba». Me levanté y escribí en el pizarrón los cinco pasos de la técnica del discurso interno. A continuación, se muestran las respuestas de ella a las preguntas de cada paso y mis sugerencias.

Paso 1. *Toma conciencia: ¿Qué me estoy diciendo a mí mismo?*
«No creo que me ame. Si lo hiciera, nunca me trataría de esa manera».

Paso 2. *Evalúa*: *¿Mi discurso interior me está ayudando? (¿Es un discurso de apoyo o un discurso destructivo?)*.

«Es un discurso destructivo».

Paso 3. *Identifica*: *¿Quién está hablando: el Manipulador, el Obstaculizador o el Desorientador?*

Después de que le expliqué estos conceptos a Robin, ella misma lo descubrió: «Mi discurso interno proviene del Desorientador porque me está haciendo llegar a una conclusión que podría estar equivocada. Estoy dando por hecho que el comportamiento violento de mi esposo significa que no me quiere».

Paso 4. *Apóyate a ti mismo*: *¿Qué permiso me voy a dar y qué afirmación personal me voy a decir para reemplazar el discurso negativo?*

Para ayudarle a Robin a reemplazar su discurso negativo con un mensaje más útil, le recomendé que se dijera a sí misma: «Oliver actúa de esa manera porque tiene miedo de perderme». Al ver su expresión de sorpresa me pude dar cuenta de que estaba analizando la posibilidad de que, a pesar de lo devastadora que era, la violencia de Oliver fuera un intento desesperado por aferrarse a ella.

Paso 5. *Desarrolla tu guía*: *¿Qué acción voy a tomar con base en mi nueva posición de apoyo?*

Cuando le mostré este último paso de la técnica a Robin, le sugerí que se dijera: «Voy a llevar a cabo las acciones necesarias para cuidarme lo mejor que pueda, incluso si eso significa llamar a la policía».

Robin sonó complacida cuando dijo: «Nunca lo pensé de esa manera». Se refería a la idea de ver la violencia de su esposo como una manera drástica de tratar de mantenerla junto a él. Creo que también sintió que su decisión de llamar a la policía cuando Oliver se puso violento la última vez acababa de ser validada.

LA PAREJA INTENTA REALIZAR LA PRIMERA PARTE DE LA REUNIÓN MATRIMONIAL: APRECIO

En la cuarta sesión de terapia, cuando ya había quedado claro que Robin y Oliver se sentían cómodos con la estructura, las herramientas de comunicación y el entrenamiento que habían recibido hasta ese momento, les hablé brevemente de las reuniones. Como sucede con muchas de las parejas que vienen a terapia, el concepto los atrajo porque notaron que ofrecía aquello que les había hecho tanta falta en sus vidas: una estructura y reglas para comunicarse de una manera saludable.

Comenzamos poco a poco. Les sugerí que se apegaran a la primera parte de la reunión, *Aprecio,* y les expliqué cómo usar las oraciones con *Yo* y *A mí* para expresar sus elogios. Les recomendé que incluyeran detalles, es decir, que señalaran con precisión cuándo y en dónde se había presentado el comportamiento mencionado.

Como Robin era la que menos hablaba, le pedí que empezara ella la dinámica. Sus primeros comentarios de aprecio fueron: «Aprecio que me hayas construido un librero» y «Aprecio que hayas sido tan juguetón con los niños».

Los cumplidos de Oliver fluyeron con facilidad: «Aprecio tu sugerencia de que almorzáramos juntos el miércoles» y «Aprecio lo hermosa que eres».

Tomando en cuenta que ésta era la primera vez que lo intentaban, me sentí muy satisfecha, por lo que ya no le pedí a Robin que dijera *cuándo* o *cómo* Oliver fue juguetón con los niños. Tampoco insistí en que Oliver fuera más específico con su último cumplido, el cual fue bastante general. La única sugerencia que les di fue que recordaran usar oraciones con *Yo* y *A mí* porque quería que se sintieran motivados en esa etapa. Ya después podríamos refinar sus comentarios de aprecio.

Después de seis sesiones, Oliver y Robin admitieron que su relación estaba mejorando.

OLIVER Y ROBIN INTENTAN LLEVAR A CABO UNA REUNIÓN MATRIMONIAL

Cuando la pareja aceptó que habían mejorado, me pareció una buena ocasión para tratar de llevar a cabo una reunión matrimonial, y al guiarlos a través de la estructura descubrimos un problema fundamental en la relación.

En la sección de *Aprecio* los animé a que fueran más específicos y que trataran de mencionar un rasgo de carácter que se hubiese revelado en el comportamiento en cuestión, como en la afirmación: «Aprecio lo *amable* que fuiste al comprar un *lunch* para que pudiéramos comer el *jueves pasado en el parque*».

Luego llevaron a cabo la parte de *Tareas del hogar* con bastante facilidad y se pusieron de acuerdo en quién llevaría a su hijo mayor a casa el lunes, después de un evento.

La tercera parte de la reunión matrimonial revela un cambio

Cuando llegó el momento del *Planeamiento del tiempo de diversión,* la tercera parte de la reunión matrimonial, les recordé que había llegado la hora de organizar una cita para ellos como pareja.

«Tengo una idea», dijo Robin, sorpresivamente animada: «llevemos a los niños al zoológico el domingo».

Cuando le pregunté si estaría dispuesta a organizar una cita sólo para ellos dos, dijo que en realidad tenían muy poco tiempo libre y que era muy importante que hicieran cosas divertidas en familia. Entonces pude ver la desilusión en el rostro de Oliver.

Un tema delicado se pasa a la cuarta parte de la reunión matrimonial

Fue evidente que acabábamos de tocar un tema delicado. La estructura de la reunión matrimonial exige que la discusión de los asuntos más sensibles se realice en la última parte: *Problemas y desafíos*. En general, no se debe hablar de estas preocupaciones con fuerte carga emocional sino hasta después de cuatro o seis reuniones exitosas; sin embargo, la regla se puede cambiar un poco si las reuniones se llevan a cabo con un terapeuta presente.

Cuando les dije a Oliver y a Robin que las citas como pareja parecían ser un asunto demasiado complejo para tratarse en la tercera parte, estuvieron de acuerdo en moverlo a la cuarta parte.

Al retomar el tema, le pregunté a Robin: «¿Tus dudas respecto a salir sola con Oliver tienen algo que ver con sus expectativas?»

Ella asintió. «Sí, porque él espera que sea una cita romántica y yo creo que el romance debe ser algo espontáneo». Luego aclaró que con *romántica* quería decir que Oliver esperaba que tuvieran relaciones sexuales después de la cita, y ella no quería sentirse presionada.

Oliver se expresó. «¿Cuándo fue la última vez que tuve expectativas?», la increpó, y ella tuvo que admitir que ya había pasado mucho tiempo desde la última vez. «Entonces esto no viene de mí, es un problema tuyo», explicó Oliver.

Después de eso, Robin estuvo de acuerdo en salir a cenar con él, pero tal vez lo hizo porque se sintió obligada en el momento.

LA REUNIÓN MATRIMONIAL MEJORÓ
LA COMUNICACIÓN

Creo que la reunión matrimonial hizo posible que esta pareja se enfocara en un problema que les estaba causando tensión porque llevaban demasiado tiempo lidiando con él de manera indirecta. Robin había estado negándose a salir con Oliver sin explicarle por qué, y él se sentía frustrado por eso, pero tampoco se lo confesaba a ella.

Una semana después de la reunión, Oliver y Robin me reportaron que habían salido juntos como parte de una cita que planearon en su reunión. Cuando regresaron a casa pasaron tiempo con los niños. Oliver había respetado su parte del trato: no presionó a Robin con el asunto del «romance», pero cuando tocó el tema, pude ver que estaba triste.

En otra ocasión, Robin estuvo de acuerdo en salir a cenar con Oliver otra vez, pero cuando estaban a punto de salir, ella le pidió que, en lugar de tener su cita, la acompañara a comprar algunas cosas. Él aceptó, pero no estaba contento con el cambio de planes.

Deberá pasar algún tiempo antes de que Oliver y Robin recobren la confianza que tenían en el otro y aprendan a comunicarse y a respetarse como pareja.

Oliver todavía no puede sentir empatía por la situación mental de Robin. Para él, Robin debería tener relaciones sexuales con él para probarle que lo ama, pero ella no le puede dar eso en este momento porque está aletargada. Para ella, negarse es la única manera de evitar ser vulnerable con él después de toda su violencia y los años que pasó soportando los intentos de él por controlarla. Cuando él le pide que se abracen, ella contesta: «Eres demasiado empalagoso».

EL DESAFÍO DE RESTAURAR LA CONFIANZA

De acuerdo con Bill Herring, especialista en fidelidad y trabajador social con licencia: «El impacto negativo de la infidelidad se hace evidente en cualquier momento entre los nueve meses y los dos años; y la curación completa suele requerir un período muchísimo más extenso».[1] Me parece seguro asumir que la restauración de una relación en la que ha habido violencia doméstica también implicaría un proceso largo. La confianza necesita de tiempo. Oliver lo ha escuchado, pero no quiere esperar y luego se disculpa profusamente con Robin. Ella le dijo al respecto: «Está bien, sólo deja que pase algo de tiempo».

Y mientras tanto, el desafío de ambos es respetar y aceptar las diferencias del otro. En ocasiones, todavía tratan de dominarse el uno al otro utilizando oraciones con *Tú* en lugar de permitirse ser vulnerables y usar oraciones con *Yo* o *A mí* para expresar sus verdaderos sentimientos, deseos y necesidades.

Oliver dice: «Desearía que tuviéramos reuniones matrimoniales».

Robin, por su parte, piensa: «Él cree que si hacemos las reuniones, todo se va a arreglar entre nosotros», y probablemente tiene razón. Oliver quiere terminar con la aflicción que dice sentir todos los días, y tiene miedo de que su esposa nunca vuelva a amarlo.

Lo que Robin dijo respecto al tiempo es acertado. El tiempo es el mayor aliado de esta pareja, o tal vez puede serlo, siempre y cuando continúen trabajando en mejorar su relación.

LA LLUVIA DE IDEAS PARA BUSCAR SOLUCIONES GENERA OPCIONES PARA RELACIONARSE MEJOR

Robin y Oliver están estancados. Él sigue presionándola para que ella le dé señales de que lo ama, pero ella no puede hacerlo. Necesita tiempo y espacio para sanar, por eso se aleja. Sin embargo, este alejamiento hace que él se sienta más desesperado por tener sexo con ella y recibir su afecto; y esto crea un ciclo vicioso porque sus esfuerzos por obtener una prueba de que lo ama la alejan cada vez más. Robin y Oliver aceptaron mi sugerencia de tratar de abordar este problema con la técnica de lluvia de ideas para buscar soluciones.

Revisé con ellos las reglas básicas de la lluvia de ideas y les expliqué que el primer paso era describir el problema de tal forma que se respetara la posición de ambos. El siguiente paso era hacer una lista de todas las ideas y opciones —incluso las más peculiares—, sin desechar ninguna.

Robin y Oliver estuvieron de acuerdo en describir el problema con la pregunta: «¿Cómo pueden Robin y Oliver vivir en armonía si Robin necesita distanciarse física y emocionalmente de Oliver y Oliver se muere por tener una confirmación verbal y física —incluso sexual— reiterada de que Robin lo ama?».

Después de describir el problema, los tres presentamos ideas, pero evitamos evaluarlas antes de tener la lista terminada. Aquí se muestra qué propuso cada quien:

1. Robin acepta tener sexo con Oliver. (La idea la propone Oliver en tono de broma, pero sólo hasta cierto punto).
2. Oliver acepta esperar a que Robin reinicie el contacto físico. (Robin)
3. Reconocer que Robin necesita tiempo para sanar y aprender a confiar en que Oliver va a respetar su autonomía. (Yo)
4. Reconocer que Oliver necesita tiempo para sanar antes de volver a confiar en la fidelidad de Robin. (Yo)
5. Oliver y Robin deciden relacionarse como amigos platónicos hasta que ambos se sientan listos para tener mayor intimidad. (Yo)
6. Oliver hace planes para pasar tiempo con sus amigos. (Oliver)
7. Mentirse el uno al otro (Yo, en tono sarcástico)
8. Robin y Oliver leen sobre la forma en que otras parejas han logrado reparar su matrimonio después de una infidelidad y de la violencia doméstica. (Yo)
9. Llevan a un árbitro a vivir a su casa. (Yo, en tono sarcástico)

10. Robin recibe apoyo de un grupo para mujeres que han sido víctimas de abuso. (Oliver)

11. Oliver continúa asistiendo a su grupo de hombres que han ejercido abuso doméstico. (Oliver)

Después tachamos todas las propuestas que uno o ambos integrantes de la pareja hayan rechazado. En la siguiente lista se indica quién rechazó cada propuesta.

1. ~~Robin acepta tener sexo con Oliver.~~ (Vetada por Robin)

2. ~~Oliver acepta esperar a que Robin reinicie el contacto físico.~~ (Vetada por Oliver)

3. Reconocer que Robin necesita tiempo para sanar y aprender a confiar en que Oliver va a respetar su autonomía.

4. Reconocer que Oliver necesita tiempo para sanar antes de volver a confiar en la fidelidad de Robin.

5. Oliver y Robin deciden relacionarse como amigos platónicos hasta que ambos se sientan listos para tener mayor intimidad.

6. Oliver hace planes para pasar tiempo con sus amigos.

7. ~~Mentirse el uno al otro~~ (Robin y Oliver la vetaron)

8. Robin y Oliver leen sobre la forma en que otras parejas han logrado reparar su matrimonio después de una infidelidad y de la violencia doméstica.

9. ~~Llevan a un árbitro a vivir a su casa.~~ (Robin y Oliver la vetan)

10. Robin recibe apoyo de un grupo para mujeres que han sido víctimas de abuso.

11. Oliver continúa asistiendo a su grupo de hombres que han ejercido abuso doméstico.

A continuación, se presenta la lista de las siete soluciones en potencia que Oliver y Robin estuvieron de acuerdo en poner en práctica:

1. Reconocer que Robin necesita tiempo para sanar y aprender a confiar en que Oliver va a respetar su autonomía.

2. Reconocer que Oliver necesita tiempo para sanar antes de volver a confiar en la fidelidad de Robin.
3. Oliver y Robin deciden relacionarse como amigos platónicos hasta que ambos se sientan listos para tener mayor intimidad.
4. Oliver hace planes para pasar tiempo con sus amigos.
5. Robin y Oliver leen sobre la forma en que otras parejas han logrado reparar su matrimonio después de una infidelidad y de la violencia doméstica.
6. Robin recibe apoyo de un grupo para mujeres que han sido víctimas de abuso.
7. Oliver continúa asistiendo a su grupo de hombres que han ejercido abuso doméstico.

LA PAREJA DEJA ATRÁS EL ESTANCAMIENTO

El hecho de que una pareja que se encontraba estancada al principio de este ejercicio haya podido estar de acuerdo en considerar siete opciones es un gran logro. El siguiente paso para Robin y Oliver fue elegir cuáles de esas siete ideas estaban dispuestos a implementar de inmediato. Ambos estuvieron de acuerdo en empezar con la número 3 de la última lista de soluciones posibles: «Oliver y Robin deciden relacionarse como amigos platónicos hasta que ambos se sientan listos para tener mayor intimidad».

Las otras siete ideas que quedan en la lista son temas que Oliver y Robin pueden seguir discutiendo en las sesiones de terapia o en casa. Que Oliver esté abierto a la idea de pasar más tiempo con sus amigos es muy buena señal porque socializar con otros podría ayudarle a ser menos «empalagoso» con Robin, como dice ella, y le permitiría darle el espacio que ella tanto necesita.

Casarse es como dar un salto de fe para cualquier persona, pero Robin y Oliver van a necesitar otro más para restaurar su matrimonio. Ella va a necesitar confiar en que él podrá tratarla como una persona independiente, con necesidades y deseos propios, en lugar de una mujer a la que puede controlar. Él tendrá que confiar en que ella le será fiel a partir de ahora, pero antes de eso, es posible que él necesite demostrar que acepta su independencia.

Oliver y Robin están aprendiendo a comunicarse de una manera más positiva. A veces todavía se sorprenden a sí mismos y al otro lanzándose mensajes de culpabilidad con oraciones con *Tú*. Hace poco, por ejemplo, Robin le dijo a Oliver que «estaba equivocado» en su forma de hacer algo, y él le respondió: «Creo que está bien que seamos diferentes». Ambos están aprendiendo poco a poco a «atacar el problema en lugar de atacarse entre sí». A Robin se le está facilitando cada vez más expresarse de manera directa. La terapia sigue ayudándolos a ambos a tener un mayor entendimiento de sí mismos, a sentirse apoyados y validados, y a sintonizarse un poco más con el otro. Así que, hasta ahora, todo va bien.

Al igual que esta pareja, la mayoría de las personas que inicien su terapia tendrán que recibir asesoría sobre el proceso de las reuniones matrimoniales y aprenderlo paso por paso para poder llevarlas a cabo de manera exitosa. De otra manera, es probable que las desavenencias le impidan a la pareja apegarse a los lineamientos y la agenda, y que incluso la hagan olvidarse de usar técnicas de comunicación positiva.

En una sesión que tuvimos hace poco, les pregunté a Robin y Oliver si les gustaría sostener las reuniones sin mi ayuda más adelante.

«Me encantaría», contestó Robin.

«Sí, ¡sería genial!», añadió Oliver.

Conclusión

Los niños que crecen en hogares en donde hay armonía marital son proclives a aprender, casi por ósmosis, cuál es la mejor manera de construir un matrimonio exitoso; y más adelante, pueden darles a sus hijos un ejemplo similar. Como averiguaron cómo comunicarse respetuosa y positivamente, ahora pueden tener relaciones satisfactorias con sus compañeros de vida y con otras personas.

Pero si tú no gozaste de una experiencia como ésta cuando fuiste niño, tienes muchas razones para aprender las herramientas y habilidades que te permitirán construir y conservar un buen matrimonio.

Estés casado o no, tengas niños o no, e incluso si no sostienes reuniones matrimoniales formales, siempre puedes aumentar tu capacidad para generar interacciones gozosas. Al poner en práctica aunque sea sólo una de las herramientas de comunicación positiva que se explican en los capítulos 7, 8 y 9, o liberándote de por lo menos uno de los mitos matrimoniales que se describen en el capítulo 2, verás que te podrás relacionar con más alegría con los demás, y que también mejorarás el mundo.

Y te imagino preguntándote con incredulidad: «¿Todo el mundo? ¿Sólo tengo que usar una oración con *Yo* cuando hable con mi esposa, mi esposo, mi pareja, mi hijo, mi amigo, mi colega o mi compañero de trabajo, para poder cambiar el mundo?».

¡Sí! ¡Todo el mundo! Porque cada acción que realizamos tiene un efecto dominó. Imagínate lanzando una piedra a un lago. Ahora ve la pequeña ola que crea el movimiento circular alrededor del lugar en donde la piedra entró al agua. Observa cómo se mueve la ola cada vez más lejos de ese punto. Al involucrarte en una acción que tal vez parezca menor si la comparas con el gran esquema de todas las cosas —como hacer un cumplido, escuchar con atención, reemplazar tu discurso interno con mensajes positivos, comunicarte con claridad—, ya estás formando esas pequeñas olitas que influyen en el universo de una manera que jamás podrías imaginarte.

Y una vez que ya todo se ha dicho y hecho, créeme que el arte del matrimonio es en realidad el arte de mantenerte al día con tu pareja, permanecer en el carril correcto en cuanto a tus objetivos y los de tu cónyuge conforme éstos vayan emergiendo, existiendo y cambiando. El arte del matrimonio implica apoyarse el uno al otro y permanecer vinculados emocional, intelectual, física y espiritualmente.

El programa de las reuniones matrimoniales es elegante y simple:

- Reúnanse cada semana.
- Sigan los lineamientos recomendados y la agenda.
- Utilicen herramientas de comunicación positiva.

Dense tiempo para acostumbrarse a la estructura formal de las reuniones y a hablar entre ustedes de una manera diferente. Al principio es posible que se sientan cohibidos, pero eso es normal. Dense crédito por ser suficientemente disciplinados para continuar con el programa mientras aprenden a usar con comodidad las herramientas, las técnicas y las sugerencias que se ofrecen en este libro.

Las reuniones matrimoniales efectivas fomentan la intimidad, el romance, el trabajo en equipo y una resolución más sencilla de los conflictos.

Es hora de que programes tu primera reunión, seguramente te irá bien. ¡Ya estás en camino de construir el matrimonio que siempre quisiste!

La agenda de la reunión matrimonial

UNA GUÍA RÁPIDA DE REFERENCIA

1. Aprecio

Ambos integrantes de la pareja se turnan para expresar una serie de cumplidos para el otro. Comiencen sus oraciones con «Yo aprecio» o «A mí me gustó que». La otra persona escucha sin interrumpir, y luego dice: «Gracias».

Consejos: Sé específico, señala los rasgos de carácter positivos (como confiabilidad, responsabilidad, consideración, amabilidad, sensibilidad, etcétera) que tu pareja ha demostrado con comportamientos específicos. Pregunta: «¿Olvidé algo?».

2. Tareas

Ambas personas mencionan las tareas del hogar que se tienen que llevar a cabo y ofrecen un reporte de las que siguen en progreso. Pónganse de acuerdo en las prioridades y en quién hará qué y cuándo. Mantengan un enfoque positivo.

3. Planeamiento del tiempo de diversión

Planeen juntos su «tiempo de calidad» como pareja, las salidas familiares y las vacaciones. Los cónyuges también pueden organizar actividades que deseen hacer por separado. Aprende a conocerte y averigua qué actividades te ayudan a recargar baterías y a vigorizar tu relación.

4. Problemas y desafíos

Los problemas pueden tener que ver con el dinero, la intimidad, la crianza y educación de los hijos, los parientes, las transiciones de la vida o cualquier preocupación que tengan en mente. Recuerden: tienen que atacar el problema, no atacarse entre sí. Asimismo, en las primeras reuniones sólo traten dificultades fáciles de resolver. Usen oraciones que empiecen con *Yo* o *A mí*, el discurso interno, comunicación congruente, audición activa, mensajes no verbales, crítica constructiva y retroalimentación, y lluvia de ideas para buscar soluciones. Sean pacientes y apéguense al proceso. Lo más probable es que puedan resolver muchas dificultades de inmediato; habrá otras que requieran de más tiempo. Estén dispuestos a posponer algunas discusiones.

Notas:

- Si la discusión adquiere demasiada carga emocional, o si empiezan a argumentar demasiado en alguna de las tres primeras partes de la reunión, vayan a la cuarta parte de la conversación, *Problemas y desafíos.*
- A menos de que ya hayan establecido un día y un horario fijo con anterioridad, programen la siguiente reunión antes de que termine la que están sosteniendo en ese momento; puede ser en la parte de *Tareas,* por ejemplo.

- Terminen con actitud positiva. Agradézcanse entre sí por la reunión. A continuación, hagan algo placentero, ya sea juntos o por separado.
- Si así lo desean, pueden reproducir estas introducciones para su uso personal.

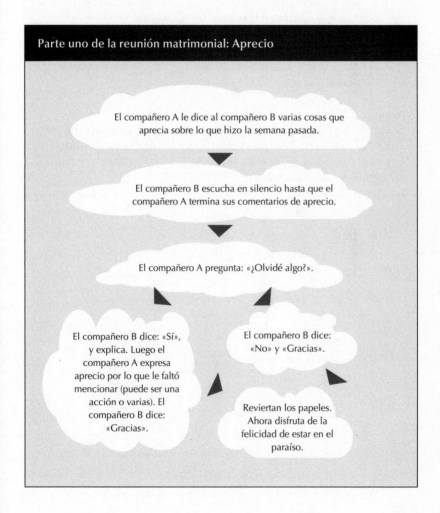

Parte uno de la reunión matrimonial: Aprecio

El compañero A le dice al compañero B varias cosas que aprecia sobre lo que hizo la semana pasada.

El compañero B escucha en silencio hasta que el compañero A termina sus comentarios de aprecio.

El compañero A pregunta: «¿Olvidé algo?».

El compañero B dice: «Sí», y explica. Luego el compañero A expresa aprecio por lo que le faltó mencionar (puede ser una acción o varias). El compañero B dice: «Gracias».

El compañero B dice: «No» y «Gracias».

Reviertan los papeles. Ahora disfruta de la felicidad de estar en el paraíso.

Parte dos de la reunión matrimonial: Tareas del hogar

1. Ambas personas mencionan las tareas que tienen en sus respectivas listas.
2. Ambos se ponen de acuerdo en qué tareas deberán hacer, o comenzar a hacer, esa semana y cuáles pueden esperar.
3. Ambos establecen quién lidiará con, o delegará, cada tarea que se tenga que realizar en la semana que comienza.
4. Ambos establecen calendarios para los proyectos inmediatos, y dejan las otras tareas para después.
5. Cada integrante de la tarea hace un reporte de los avances en las tareas de las que se habló en las reuniones anteriores.

Notas:
Si cuando estén hablando sobre una tarea específica, surge una discusión con carga emocional, pasen ese tema a la sección de *Problemas y desafíos*. Cuando la situación así lo exija, estén dispuestos a cambiar prioridades, calendarios y responsabilidades.

Parte tres de la reunión matrimonial:
Planeamiento del tiempo de diversión.

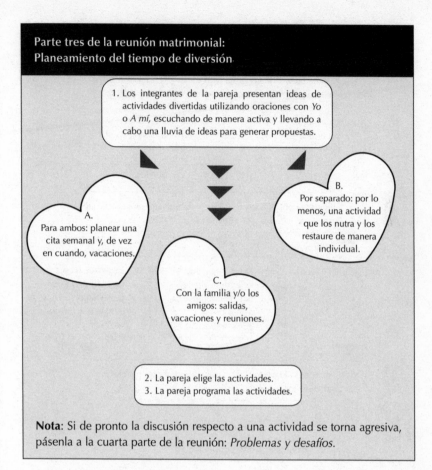

1. Los integrantes de la pareja presentan ideas de actividades divertidas utilizando oraciones con *Yo* o *A mí*, escuchando de manera activa y llevando a cabo una lluvia de ideas para generar propuestas.

A.
Para ambos: planear una cita semanal y, de vez en cuando, vacaciones.

B.
Por separado: por lo menos, una actividad que los nutra y los restaure de manera individual.

C.
Con la familia y/o los amigos: salidas, vacaciones y reuniones.

2. La pareja elige las actividades.
3. La pareja programa las actividades.

Nota: Si de pronto la discusión respecto a una actividad se torna agresiva, pásenla a la cuarta parte de la reunión: *Problemas y desafíos*.

Parte cuatro de la reunión matrimonial: Problemas y desafíos

1. El integrante A de la pareja usa oraciones con Yo o A mí para mencionar una preocupación que desea que se discuta.
2. El integrante B responde escuchando de manera activa.
3. En cuanto A sienta que B lo entendió, B expresa sus sentimientos e ideas respecto al tema mientras A escucha con atención.

▼

4. La pareja continúa la discusión hasta que ambos sientan que fueron escuchados y comprendidos.

▼ ▼ ▼

5a. Se llega a un acuerdo.	5b. No se llega a un acuerdo. La pareja decide continuar la discusión más adelante.	5c. La pareja acepta los problemas que no puede solucionar, y admite que tendrá que vivir con ellos.

▼ ▼

6. Si el tiempo lo permite, la pareja discutirá otro problema siguiendo los pasos del 1 al 5.

▼

7. La pareja da fin a la reunión de manera positiva y se agradecen el uno al otro por participar.

Nota: En las primeras reuniones matrimoniales sólo discutan problemas fáciles de resolver. Establezcan un patrón de varias reuniones exitosas antes de tratar de resolver un problema serio en la relación.

Los inventarios de sentimientos y el inventario de necesidades

Los inventarios de este apéndice se incluyen con autorización de The Center for Nonviolent Communication, y tienen como objetivo ayudarte a reconocer en ti mismo estados emocionales y necesidades que los seres humanos tienen. Tanto en las reuniones matrimoniales como en la vida cotidiana en general, usar oraciones con *Yo* o *A mí* para expresar tus sentimientos, deseos y necesidades, te servirá para fomentar discusiones positivas y productivas.

LOS INVENTARIOS DE SENTIMIENTOS

En la lista de «Sentimientos» hay dos partes: los sentimientos que podemos tener cuando nuestras necesidades se ven satisfechas, y los que tenemos cuando no se satisfacen.

Inventario de sentimientos — Cuando tus necesidades *sí* se ven satisfechas

Afecto
Amistad
Calidez
Cariño
Compasión
Empatía
Honestidad
Ternura

Compromiso
Abstracción
Alerta
Curiosidad
Embeleso
Encantamiento
Ensimismamiento
Estimulación

Fascinación
Hechizo
Interés
Intriga
Involucramiento

Esperanza
Expectación
Motivación
Optimismo

Confianza
Apertura
Empoderamiento
Orgullo
Seguridad

Emoción
Ánimo
Ansiedad
Apasionamiento
Asombro
Atolondramiento
Deslumbramiento
Entusiasmo
Estupefacción
Excitación
Fogosidad
Sorpresa
Vigorosidad
Vitalidad
Vivacidad

Agradecimiento
Aprecio
Complacencia
Enternecimiento
Satisfacción

Inspiración
Fascinación
Sorpresa
Pasmo

Gozo
Alegría
Diversión
Embebecimiento
Estimulación
Felicidad
Júbilo
Satisfacción

Entusiasmo
Arrobamiento
Dicha
Emoción
Encanto
Éxtasis
Exuberancia
Orgullo
Resplandor

Paz
Alivio
Apacibilidad
Calma
Comodidad
Confianza
Consumación
Ecuanimidad
Inmovilidad
Lucidez
Relajamiento
Satisfacción
Serenidad
Solidez
Tranquilidad

Revitalización
Descanso
Reavivamiento
Rejuvenecimiento
Renovación
Restauración
Vigor

Inventario de sentimientos — Cuando tus necesidades *no* se ven satisfechas

Aprensión
Cautela
Desconfianza
Espanto
Melancolía

Miedo
Pánico
Petrificación
Preocupación
Temor

Terror
Suspicacia
Susto

Enojo
Cólera
Furia
Indignación
Ira
Irascibilidad
Lividez
Resentimiento

Molestia
Agravio
Consternación
Contrariedad
Disconformidad
Exasperación
Fastidio
Frustración
Impaciencia
Irritabilidad

Aversión
Conmoción
Desagrado
Disgusto
Horror
Hostilidad
Odio
Rencor
Repugnancia

Confusión
Ambivalencia
Azoro
Desconcierto
División
Indecisión
Perplejidad
Turbación

Desconexión
Aburrimiento
Adormecimiento
Alejamiento
Apatía
Desapego
Desinterés
Distracción
Frialdad
Indiferencia
Lejanía
Marginación
Repliegue
Separación

Inquietud
Aflicción
Agitación
Agobio
Alarma
Azoro
Confusión
Congoja
Desasosiego

Desconcierto
Incomodidad
Inestabilidad
Intranquilidad
Nerviosismo
Perturbación
Preocupación
Sorpresa
Turbulencia

Vergüenza
Aturdimiento
Cohibición
Cortedad
Culpabilidad
Inquietud
Mortificación
Pena

Fatiga
Aburrimiento
Adormilamiento
Agotamiento
Aletargamiento
Apatía
Cansancio
Consunción
Debilidad

Extenuación
Dolor
Aflicción
Agonía
Angustia
Arrepentimiento
Desconsuelo
Descorazonamiento
Devastación
Miseria
Pena
Resentimiento
Soledad

Tristeza
Abatimiento
Decepción
Depresión
Desaliento
Descorazonamiento
Desdicha
Desesperanza
Desmotivación
Infelicidad
Melancolía
Nostalgia
Pesadumbre

EL INVENTARIO DE LAS NECESIDADES

La siguiente lista de necesidades no es ni exhaustiva ni definitiva. Es sólo un recurso con el que se puede empezar a apoyar a alguien que quiera involucrarse en un proceso para autodescubrirse a profundidad y para facilitar el entendimiento y los vínculos entre la gente.

Conexión
Aceptación
Afecto
Amor
Apoyo
Aprecio
Calidez
Cercanía
Compañía
Compasión
Comprender y ser comprendido
Comunicación
Comunidad
Confianza
Conocer y ser conocido
Consideración
Consistencia
Cooperación
Crecimiento espiritual
Empatía
Estabilidad
Inclusión
Intimidad
Pertenencia
Reciprocidad
Respeto/respeto por uno mismo
Seguridad
Ver y ser visto

Bienestar físico
Acercamiento físico
Agua
Aire
Alimento
Cobijo
Descanso/sueño
Expresión sexual
Movimiento/ejercicio
Seguridad

Honestidad
Autenticidad
Integridad
Presencia

Juego
Alegría
Humor

Paz
Armonía
Belleza
Comunión
Igualdad
Inspiración
Orden
Sencillez

Autonomía
Elección
Espacio
Espontaneidad
Independencia
Libertad

Significado
Aprendizaje
Celebración de la vida
Claridad
Competencia
Comprensión
Conocimiento

Contribución
Creatividad
Crecimiento
Desafío
Descubrimiento
Eficacia
Eficiencia
Esperanza
Estimulación
Expresión personal
Luto
Participación
Propósito
Trascendencia

Agradecimientos

Escribir es una ocupación sumamente gratificante pero también solitaria que conlleva ciertos riesgos: aislamiento y falta de retroalimentación. Pero por suerte hay gente que equilibra esto, como las comunidades de escritores, los amigos, los colegas y la familia, quienes me mantienen a flote y me inspiran.

Entre la gente que atesoro se encuentran los integrantes de mi antiguo y presente grupo de crítica de escritura: Judith Bolinger; Robert Evans; Lynn Fraley, PhD; Leslie Marks; Judith Marshall; Sylvia Mills, PhD; Teresa LeYung Ryan; Lynn Scott; Jeff Stoffer; Diane Vickers, y Kate Wright.

Aprecio a mis amigos Netty Kahan, Amy Kahn, Eileen Olicker, Richard Posner, Pesha Ross, Chana Rutter y Marian Sanders; y a mis colegas Linda Bloom, LCSW, Dorie Rosenberg, MFT, Sherrin Packer Rosenthal, MSW, y Pam Sweeney, MFT, por sus sugerencias y su apoyo para este libro. También le estoy agradecida a Stan Weisner, PhD, y a Tom Nichols, PhD, quienes reconocieron el valor de las reuniones matrimoniales e hicieron los arreglos necesarios para que yo pudiera dar clases sobre esta materia a psicoterapeutas y estudiantes de la Universidad de California, Extensión Berkeley, y la Universidad Alliant de San Francisco, respectivamente.

A las siguientes personas les agradezco su respaldo para la versión anterior y más condensada de este libro, *Marriage Meeting Starter Kit*: doctora Miriam Adahan; Joel Blackwell; Pamela Butler; PhD; Jon Carlson, PsyD, EdD; Adrian Fried; Chumi Friedman; Edward M. Hallowell, MD; Gay Hendricks, PhD; Shira Marin, MFT; Susan Page; Sarah Chana Radcliffe, MEd; rabino Yisrael Rice, y rabino Berel Wein.

A Georgia Hughes, directora editorial de New World Library, le agradezco su excelente edición, colaboración, paciencia y amabilidad; a la editora Kristen Cashman, a la correctora Bonita Hurd, y a todo el equipo de New World Library por manejar con presteza, elegancia y meticulosidad todos esos detalles que jamás imaginé que implicaba la publicación de un libro.

Le agradezco al editor Alan Rinzler por su asesoría para el desarrollo de este libro al principio, y a la agente literaria Katharine Sands por su generosa guía.

A la presidenta vitalicia de la sucursal de Marin del Club de Escritores de California, Barbara Truax, quien tantos cumplidos ha obtenido debido a su dedicado y eficiente liderazgo. A los miembros del club Robert Haro y John Shearer también les debo un agradecimiento especial por sus sabios consejos y su apoyo.

Mis clientes de psicoterapia y las parejas de mis talleres de reuniones matrimoniales son fundamentales para la existencia de este libro. Estoy profundamente agradecida con todos los que estuvieron dispuestos a compartir varios aspectos de su experiencia.

A los psicoterapeutas y los estudiantes universitarios que asistieron a mis clases de educación continua sobre reuniones matrimoniales y terapia de pareja les agradezco sus perspicaces contribuciones.

Aprecio a mis hermanas Gloria Finkelstein y Marilyn Neugarten, quienes, a menudo con humor, me ayudaron a mantener los pies en la tierra en este trayecto que representó convertirme en autora. Valoro a mi hijo, Avi Berger, por lo mismo, y por añadirle tanta alegría a mi vida. Estoy eternamente agradecida con mis padres, Mollie Herman Fisch Goldfarb y Oscar Fisch, cuyo recuerdo es bendito, por ayudarme en todos mis proyectos y por animarme a correr riesgos y divertirme.

Mi querido esposo, David Berger, me ha brindado un apoyo constante, ya sea revisando el texto, haciendo sugerencias editoriales, o recordándome que tengo que apagar la computadora y dormir un poco. Él ha sido mi caja de resonancia noche y día para este libro y para casi todo lo demás. Gracias a ti, mi copa está rebosante.

Lista de lecturas

Después de que hayas terminado de leer *30 minutos para salvar tu matrimonio: Reuniones matrimoniales para conseguir la relación de tus sueños,* lo mejor que puedes hacer es programar tu primera reunión matrimonial para poner en práctica las enseñanzas. Y si quieres seguir leyendo, te recomiendo los siguientes libros:

BERMAN, Claire, *Adult Children of Divorce Speak Out: About Growing Up with and Moving beyond Parental Divorce,* Nueva York, Simon and Schuster, 1991.

BLOOM, Linda y Charlie BLOOM, *101 Things I Wish I Knew When I Got Married: Simple Lessons to Make Love Last,* Novato, California, New World Library, 2004.

BOTEACH, Shmuley, *Kosher Sex: A Recipe for Passion and Intimacy,* Nueva York, Doubleday, 1999.

BRIZENDINE, Louann, *The Female Brain*, Nueva York, Broadway Books, 2007.

_____, *The Male Brain*, Nueva York, Broadway Books, 2010.

BUTLER, Pamela, *Self-Assertion for Women*, San Francisco, Harper-Collins, 1992.

_____, *Talking to Yourself: How Cognitive Behavior Therapy Can Change Your Life*, Charleston, Carolina del Sur, BookSurge, 2008.

CAMERON, Julia, *The Artist's Way*, Nueva York, Jeremy P. Tarcher/Putnam, 1992.

CARLSON, Jon, y Don DINKMEYER, *Time for a Better Marriage: Training in Marriage Enrichment*, Ed. Rev., Atascadero, California, Impact, 2002.

CHAPMAN, Gary, *The 5 Love Languages: The Secret to Love That Lasts,* Chicago, Northfield, 2009.

FELDMAN, Aharon, *The River, the Kettle and the Bird: A Torah Guide to Successful Marriage*, Spring Valley, Nueva York, Feldheim, 1987.

FISCH, Marcia [Marcia Naomi Berger], «Homeostasis: A Key Concept in Working with Alcoholic Family Systems», *Family Therapy 3*, no. 2 (1976), pp. 133-139, www.marcianaomiberger.com/wp-content/uploads/2010/10/Homeostasis-A-Key-Concept-in-Working-With-Alcoholic-Families.pdf.

GOTTMAN, John, *The Seven Principles for Making Marriage Work*, Nueva York, Three Rivers Press, 1999.

_____, *Why Marriages Succeed or Fail... And How You Can Make Yours Last*, Nueva York, Fireside, 1995.

GRAHAM, Linda, *Bouncing Back: Rewiring Your Brain for Maximum Resilience and Well-Being*, Novato, California, New World Library, 2013.

HALLOWELL, Edward, *Crazy Busy*, Nueva York, Ballantine, 2006.

HENDRIX, Harville, *Getting the Love You Want: A Guide for Couples; 20th Anniversary Edition*, Nueva York, Henry Holt, 2008.

JOHNSON, Sue, *Hold Me Tight: Seven Conversations for a Lifetime of Love*, Nueva York, Little, Brown, 2008.

KREIDMAN, Ellen, *Light Her Fire*, Nueva York, Dell, 1992. Éste y el siguiente título están disponibles como CDs en www.lighthisfire.com/products.

_____, *Light His Fire*, Nueva York, Dell, 1991.

PEASE, Barbara y Allan PEASE, *The Definitive Book of Body Language*, Nueva York, Bantam Dell, 2006.

SATIR, Virginia, *Conjoint Family Therapy*, tercera edición, Palo Alto, California, Behavior Books, 1983.

TANNEN, Deborah, *You Just Don't Understand*, Nueva York, Harper Paperbacks, 2001.

WALLERSTEIN, Judith S.; LEWIS, Julia M. y Sandra BLAKESLEE, *The Unexpected Legacy of Divorce: A 25 Year Landmark Study*, Nueva York, Hyperion, 2000.

WALLIN, David J., *Attachment in Psychotherapy*, Nueva York, Guilford Press, 2007.

WILE, Daniel B., *After the Honeymoon: How Conflict Can Improve Your Relationship*, Ed. Rev., Hoboken, Nueva Jersey, John Wiley and Sons, 1988.

_____, *Couples Therapy: A Nontraditional Approach*, Hoboken, Nueva Jersey, Wiley, 1992.

꼿

Sobre la autora

M arcia Naomi Berger (*née* Fisch), MSW, LCSW, dirige dinámicos talleres de matrimonio y comunicación, y es una popular oradora. Además de desempeñarse como trabajadora social clínica y dar consulta privada de psicoterapia en San Rafael, California, da clases de educación continua para psicoterapeutas y consejeros en la Universidad de California, Extensión Berkeley, y la Universidad Alliant International en San Francisco.

Mientras trabajó para la Ciudad y el Condado de San Francisco, ocupó puestos *senior* en los campos de bienestar infantil, tratamiento del alcoholismo y psiquiatría. También se desempeñó como conferencista de la facultad clínica de la Escuela de Medicina de la Universidad de California, San Francisco; y como directora ejecutiva de Jewish Family y Children's Services de East Bay.

Marcia Naomi Berger vive en Marin County, California, con su esposo, David Berger, y les atribuye a las reuniones matrimoniales semanales la felicidad que disfruta con su esposo y su pasión para compartir esta herramienta con otras parejas de distintos lugares.

Se le puede contactar en mnaomiberger@gmail.com, o a través de su sitio de internet, www.marriagemeetings.com

NOTAS FINALES

Capítulo 1. Elementos básicos de la reunión matrimonial

[1] El concepto de la reunión matrimonial ya se ha mencionado brevemente en otras publicaciones. El plan de cuatro partes que se describe aquí es una versión modificada de la que se sugiere en *Time for a Better Marriage*, de DINKMEYER, Don y Jon CARLSON, Circle Pines, Minnesota, American Guidance Service, 1984, p. 76.

Capítulo 2. Destrucción de los mitos del matrimonio

[1] KREIDMAN, Ellen, *Light His Fire*, Morton Grove, Illinois, Mega Systems, 1995, audiocintas.

[2] Esta historia es una versión sumamente repetida que captura la esencia de lo que en realidad sucedió, según lo escrito por Chana Sharfstein en «Searching the Novels for the Perfect Love?». TheRebbe.org, sin fecha, www.chabad.org/therebbe/article_cdo/aid/1218085/jewish/Searching-the-Novels-for-Perfect-Love.htm, al que se ingresó el 7 de agosto de 2013.

[3] GOTTMAN, John, *The Seven Principles for Making Marriage Work*, Nueva York, Three Rivers Press, 1999.

Capítulo 4. Coordinación de las tareas del hogar

[1] Una encuesta en la que participaron 2 020 adultos estadounidenses realizada por Pew Research Center concluyó que «compartir las tareas del hogar» es el tercer factor de mayor importancia en un matrimonio exitoso, después de la fidelidad y de una relación sexual feliz. Setenta y dos por ciento de los encuestados le asignaron un alto grado de importancia a las tareas del hogar, lo cual superó por mucho a necesidades como contar con un ingreso adecuado y tener un buen lugar para vivir. Asimismo, un estudio de 2003 realizado por Scott Coltrane, profesor de sociología de la Universidad de California, Riverside, vinculó el trabajo

hogareño del padre a más sentimientos de calidez y afecto en sus esposas. Y una encuesta en la que participaron 288 esposos, documentada en el libro *VoiceMale* de Neil CHETHIK (2006), vincula la satisfacción de una esposa con la división de las tareas del hogar a la satisfacción del esposo con su vida sexual. Estos detalles son tomados de un artículo de Sue SHELLENBARGER, «Housework Pays Off between the Sheets», *Wall Street Journal*, 21 de octubre de 2009, http://online.wsj.com/news/articles/SB10001424052748704500604574485351638147312 , al que se ingresó el 12 de noviembre de 2013.

[2]   La revista *Prevention* confirma los beneficios que tiene hacer listas para la salud, y eso incluye las listas de tareas del hogar. Nancy KALISH, «Why a To-Do List Keeps You Healthy», sitio de internet de la revista *Prevention*, sin fecha, www.smub.it/defz, al que se ingresó el 7 de agosto de 2013.

Capítulo 5. Planeamiento del tiempo de diversión

[1]   CAMERON, Julia, *The Artist's Way*, Jeremy P. Tarcher/Putnam, Nueva York, 1992, p. 18.
[2]   KREIDMAN, Ellen, *Light His Fire*, Morton Grove, Illinois, Mega Systems, 1995, audiocintas.

Capítulo 7. Oraciones con *Yo* o *A mí*

[1]   La fórmula para hacer una oración con *Yo* o *A mí* proviene de «I Statements», sitio de Internet de Parenting Wisely, sin fecha, www.parentingwisely.com/media/uploads/cms/pdf/I%20messages.pdf, al que se ingresó el 2 de septiembre de 2013.

Capítulo 9. Más técnicas de comunicación para las reuniones matrimoniales

[1]   SATIR, Virginia, *Conjoint Family Therapy*, tercera edición, Palo Alto, California, Behavior Books, 1983.

2 MEHRABIAN, A. y M. WIENER, «Decoding of Inconsistent Communi-
cations», *Journal of Personality and Social Psychology 6*, 1967, pp. 109-14;
y MEHRABIAN, A. y S. R. FERRIS, «Inference of Attitudes from Nonver-
bal Communication in Two Channels», *Journal of Consulting Psychology
31*, no. 3, 1967, pp. 248-52. En el sitio de internet de Mehrabian aparecen otros artículos pertinentes bajo: «Personality and Communication:
Psychological Books and Articles of Popular Interest», www.kaaj.com/
psych.

3 Las instrucciones para la audición activa fueron adaptadas de FRY, R.;
MEJIA JOHNSON, Susan; MELENDEZ, Pete y Roger MORGAN, *Changing
Destructive Adolescent Behavior: A Parent Workbook*, Parent Project,
Rancho Cucamonga, California, 2002, p. 141.

Capítulo 13. La pareja pasa del abuso verbal a una relación más sana

1 Con base en un análisis de caso por caso, evalúo a mis pacientes y de-
termino cuándo es apropiado que le provea terapia individual a una persona que normalmente me consulta en el formato de terapia de pareja.
Considero que el comportamiento de los miembros de la familia ocurre
dentro del contexto de una constelación o sistema más extenso. En el
caso de una pareja, presto atención a la manera en que ambos contribu-
yen, sin darse cuenta, para perpetuar un problema en la relación, alguna
situación de la cual, uno culpa al otro. MISCH, Marcia (también conoci-
da como Marcia Naomi Berger), «Homeostasis: A Key Concept in Working with Alcoholic Family systems», *Family Therapy 3*, no. 2, 1976, pp.
133-139, www.marcianaomiberger.com/wp-content/uploads/2010/10/
Homeostatis-A-Key-Concept-in-Working-With-Alcoholic-Families.pdf

Capítulo 14. Las técnicas de las reuniones matrimoniales apoyan la terapia de pareja

1 HERRING, William, «Recovering from Infidelity: The Long and Win-
ding Road», sitio de internet de Bill Herring, 15 de noviembre de 2009,
www.billherring.info/atlanta_counseling/recovering-infidelity-
long-and-winding-road